Georg Markus

Tausend Jahre
Kaiserschmarrn

Georg Markus

Tausend Jahre Kaiserschmarrn

Eine satirische Geschichte Österreichs

Mit 11 Zeichnungen
von Martin »emil« Menzl

Amalthea

Die Zeichnung auf Seite 31 stammt von H. E. Köhler

Der Abdruck der Texte von Karl Kraus aus »Die Fackel«
I/1919 innerhalb des Kapitels »Ein Tag wie jeder andere« erfolgt
mit freundlicher Genehmigung des Suhrkamp Verlags,
Frankfurt am Main.

1. Auflage August 1995
2. Auflage Oktober 1995
3. Auflage Dezember 1995

© 1995 by Amalthea
in der F. A. Herbig Verlagsbuchhandlung GmbH,
Wien · München · Berlin
Alle Rechte vorbehalten
Umschlaggestaltung: Marianne Hartkopf, München,
mit Illustrationen von Martin »emil« Menzl, Wien
Herstellung und Satz: VerlagsService Dr. Helmut Neuberger
& Karl Schaumann GmbH, Heimstetten
Gesetzt aus der 12/14,5 Punkt Simoncini Garamond
Druck und Bindung: Wiener Verlag, Himberg
Printed in Austria 1995
ISBN 3-85002-373-7

Inhalt

»Sie leben doch im falschen Zeitalter«

Meine Reise ins Jahr 996

W as tragen Sie denn für eigenartige Kleidung?«
fragte der Herr, der mir an einem Sonntag vor
wenigen Monaten in einem Landgasthof im Herzen der
Wachau in die Arme lief.
»Was soll denn an meinem Gewand eigenartig sein?«
wunderte ich mich und sah auf meinen einwandfreien
Zweireiher hinunter, auf meine Seidenkrawatte und das
lederne Schuhwerk. Innerlich mußte ich lachen, denn
der Fremde hatte naturfarbene, bis zu den Waden rei-
chende Wollhosen an, einen knielangen Leibrock und
Stiefel ohne Absätze. Wenn hier jemand eigenartig gekleidet war, dann war er es, nicht ich. Noch konnte ich
nicht ahnen, daß mich die seltsame Begegnung veran-
lassen würde, eine Zeitreise durch Österreichs tausendjährige Geschichte zu unternehmen.
Ein Blick auf meine Uhr informierte mich, daß es fünf
vor zwölf war. Schön und gut, aber welcher Tag, welcher Monat, welches Jahr?
»Heute ist der 1. November«, erriet der Herr in Wollhosen meine Gedanken, »der 1. November 996.«
»Sagten Sie 1996?«
»Machen Sie keine dummen Witze«, maßregelte er mich.
Jetzt erst bemerkte ich, daß ich ins falsche Jahrtausend
geraten war. Ich sah mich in der düsteren, notdürftig mit

Kienspan beleuchteten Stube um, in der tatsächlich nichts zu mir paßte. Ein paar Tische standen da und primitive Holzschemel, aber keine einzige Espressomaschine.

Die hübsche Wirtstochter, die herbeieilte, um meine Bestellung aufzunehmen, trug ein ausgeschnittenes grobes Leinenkleid, das um die Taille mit einer Schnur zusammengehalten wurde. Und ihr langes, dunkles Haar war altmodisch geflochten.

Ich befand mich in der Geburtsstunde Österreichs, man schrieb den 1. November 996. So also sah es damals aus, dachte ich und versuchte die Kluft eines Jahrtausends durch ein paar launige Worte zu überbrücken: »Heut' ist ein bedeutender Tag für Österreich«, sagte ich.

»Österreich?« Der Fremde starrte mich mit großen Augen an.

»Herr Luitpold, ich glaub', der Gast im Zweireiher ist nicht ganz normal«, flüsterte die Wirtstochter meinem Gegenüber zu.

»Wart's ab, Hemma«, nahm mich Luitpold fairerweise in Schutz, weil er mir noch eine Chance geben wollte. »Sie meinen wohl Ostarrichi?«

»Ach, richtig«, bat ich um Verzeihung, »ich bin ja um tausend Jahre jünger als Sie. Ich habe mich in Ihre Zeit verirrt.«

»Sie sind ein Mensch aus 1996?« Luitpold blieb vor Staunen der Mund offen, und er betrachtete mich fortan als Weltwunder (das ich ja tatsächlich war). Dennoch hätte er mich möglicherweise nicht für verrückt gehalten, wäre nicht just in diesem Augenblick der schrille Pfeifton meines Handys losgegangen. Ich zog es aus der Sakkotasche und sagte »Hallo«.

10

»Der ist mit dem Teufel im Bunde«, murmelte die in den Minuten seit meiner Ankunft schreckensbleich gewordene Wirtstochter. Sie wich, während es klingelte, einen Schritt zurück und bekreuzigte sich.

Mein Chefredakteur war am Apparat. Auf seine Frage, wann er endlich mit meiner nächsten Kolumne rechnen könnte, antwortete ich, daß sie bereits *im Computer* sei, jedoch nicht *auf Hardware*, sondern *digital auf Diskette*. »*Okay?*« Als er wissen wollte, wie lang *die Story* sei, antwortete ich: »Sechstausend *Bites*.« – »Nehmen Sie *Fotos*?« – »Ja, *vierfarbig*.« Dann sagte ich »*Good bye*« und legte auf.

»Was ist das?« Fassungslos sah Luitpold, dessen Lip-

pen sich noch immer nicht geschlossen hatten, mein Telefon an.

»Ein *Handy*«, sagte ich, »das gehört zu den Segnungen unseres technischen Zeitalters.«

»Und in welcher Sprache haben Sie gesprochen?«

»Deutsch.«

»Mittelhoch-«

»Nein, *EDV*-«

»Was werden der Herr speisen?« fragte Hemma das anwesende Weltwunder.

Es hatte Lust auf Lachssandwich und Cola, wagte aber nicht, den Wunsch bekanntzugeben. Also sagte ich: »Geben Sie mir die Speisenkarte.«

»Speisenkarte?« Wieder sah Hemma irritiert zu ihrem Zeitgenossen. »Wir haben Speck, Käse, Brot und Wein. Auch wenn uns das schon zum Hals heraushängt – viel mehr gibt es nicht in unserer Zeit.«

»Gut, bringen Sie mir eine Portion.«

Während sich das Mädchen noch im Abgehen kaum von mir und meinem Handy abwenden konnte, ergriff Luitpold das Wort: »Warum nennt ihr Ostarrichi jetzt Österreich?«

»Weil Ostarrichi nicht in unser modernes Vokabular paßt. Wir fahren zum *Airport*, trinken *Milkshake* und tragen *Moonboots*. Und unser *Popsender* heißt *Ö 3*.«

»Was so viel wie *Ostarrichi drei* bedeutet?«

»So ungefähr. Jedenfalls feiern wir demnächst Österreichs tausendsten Geburtstag.«

»Das versteh' ich nicht. Ostarrichi gibt's ja nicht erst seit heuer, es existiert doch schon viel länger. Es müßte also 1996 um einiges älter sein als tausend Jahre.«

»Seien Sie nicht so kleinlich«, ermahnte ich das mittelalterliche Fossil. »Wir Österreicher feiern eben gern.

12

Und so haben wir mit Freuden entdeckt, daß der Name Ostarrichi am 1. November 996 erstmals in einer Urkunde Ihres Kaisers Otto III. erwähnt wurde. Da haben wir endlich einen Grund, wieder einmal unseren tausendsten Geburtstag zu feiern.«

»Wieder einmal?«

»Ja, wir haben ihn schon 1976 gefeiert. Damals beging man die Übernahme der Herrschaft durch Markgraf Leopold I. am 21. Juli 976 – also tausend Jahre Babenberger.«

»Sie feiern gern in Österreich?«

»Was heißt! Ostarrichi ist das Land der Geiger und Tänzer, es hält einen weltweiten Feiertagsrekord und dokumentiert die permanente Festtagslaune in seinen Lieblingsliedern: *Heut kommen d'Engerln auf Urlaub nach Wean, Schrammeln, spielt's mir no an Tanz, Im Salzkammergut, da kann ma gut lustig sein …*

»Die spielen sie auf *Ostarrichi drei*?«

»Eher auf *Regional*.«

»Interessant«, vermerkte Luitpold. »Sagen Sie, welcher Babenberger herrscht denn 1996 in Ostarrichi?«

»Gar keiner, das Geschlecht ist mit Herzog Friedrich dem Streitbaren im Jahre 1246 ausgestorben. Danach regierten die Habsburger, deren Motto lautete: *Andere mögen Kriege führen, du, glückliches Österreich, heirate!* Durch diese glückhafte Ehepolitik wurde das Land im Lauf der Jahrhunderte immer mächtiger. Unser heutiges Staatsoberhaupt ist aber ein Präsident. Und der heißt Thomas.«

»Der setzt wahrscheinlich die glückhafte Ehepolitik der Habsburger fort.«

»Er tut, was er kann.«

Hemma stellte Speis und Trank in Tongefäßen auf den

Tisch. Das von mir gereichte Trinkgeld nahm sie, als wäre sie aus unserer Zeit.

»Sie sagen, das Land wurde im Lauf der Jahrhunderte immer mächtiger«, bohrte Luitpold weiter. »Ist Österreich größer als Ostarrichi?«

Wieder mußte ich lachen. Der Landstrich, der 996 erstmals auf einer Pergamentrolle erwähnt wurde, war ein Lehen des Herzogtums Bayern und maß dreißig Königshufe*, bestehend aus ein paar Häusern, Weiden, Wäldern und Gewässern. Das Gebiet lag bei Neuhofen an der Ybbs, sozusagen in Niederostarrichi, ganz in der Nähe des Gasthofs, in dem wir uns jetzt aufhielten. »Später war Österreich eine Weltmacht«, trumpfte ich auf, »so groß, daß in ihr die Sonne nicht unterging.« Dann fügte ich etwas leiser an: »Inzwischen haben wir uns wieder in der Mitte eingependelt, so bei 240 000 Königshufen.«

Als Luitpold aufgrund meiner Erzählungen mutmaßte, daß »aus Ostarrichi ein ziemlich komisches Land geworden sein muß«, reifte in mir der Plan, ein satirisches Buch über unsere tausendjährige Geschichte zu schreiben. Nach ersten Hinweisen, die Vorzüge des Buchdrucks betreffend, weihte ich meinen Gesprächspartner in Details des Projektes ein: »Man müßte mit der Kaiserin Elisabeth ins Kino gehen und sie fragen, was sie von Romy Schneiders *Sissi*-Filmen hält, man müßte Mozart in ein Tonstudio schicken. Man müßte den Lieben Augustin interviewen und Hitler auf Sigmund Freuds Couch legen.« Luitpold verstand zwar kein Wort, zeigte aber Interesse, als ich ihm weitere Ideen vortrug: »Ich würde Napoleon zu einer Talkshow

---

* entspricht ca. 10 km^2

14

ins Fernsehen bitten und beim letzten Rendezvous Kaiser Franz Josephs mit der Schratt dabei sein. Und ich möchte beobachten, wie Maria Theresia es fertig brachte, ein ganzes Reich und nebenbei auch noch einen riesigen Haushalt zu regieren.«

»Wenn Sie das alles schaffen, wird Ihr Buch ein *bestseller*«, zeigte Luitpold, daß er sehr schnell begriffen hatte, worauf es im 20. Jahrhundert ankam. »Aber ich fürchte, Sie haben sich ein bißchen viel vorgenommen. Sie können gar nicht mit der Kaiserin Elisabeth ins Kino gehen. – Sie leben doch im falschen Zeitalter.«

»Wenn's weiter nichts ist«, zeigte ich die Überlegenheit meiner Generation. »Ich habe es geschafft, mit Ihnen in Kontakt zu treten, Herr Luitpold, also wird das bei den anderen auch zu machen sein. Die sind doch wesentlich jünger als Sie.«

»Haben Sie schon einen Titel für Ihr Buch?« fragte Luitpold.

»Mir gefiele *Tausend Jahre Kaiserschmarrn*«, sagte ich.

»Was ist ein Schmarrn?«

»Einerseits wertloses Zeug, andererseits aber – als Mehlspeis' zubereitet – eine Delikatesse.«

»Ein gewisser Widerspruch«, fand Luitpold.

»Das ist ja das typisch Österreichische. Wir warten nicht darauf, bis andere uns widersprechen, wir widersprechen uns selber.«

Luitpold wirkte ob der vielen neuen Eindrücke, die auf ihn eingeströmt waren, einigermaßen ratlos, erklärte sich aber schließlich mit dem Titel einverstanden. Ich verabschiedete mich und machte mich auf den Weg zur Kaiserin Elisabeth …

Mit der Kaiserin im Kino

Elisabeth schaut sich einen Sissi-Film an

In einem Wiener Kino spielen sie immer wieder diese herrlichen alten Filme mit dem Moser, dem Hörbiger und der Romy Schneider. Als ich mich letzthin an der Kinokasse um Karten für eine Vorstellung zweier *Sissi*-Filme anstellte, stand vor mir eine sehr elegante, auffallend schlanke Dame, die sich außerstande sah, die Eintrittsgebühr in Höhe von öS 85,– für einen Platz in der zwölften Reihe fußfrei zu bezahlen. Sie hätte mit barem Geld nie zu tun gehabt, erklärte sie der verdutzten Kassierin. Durch Zufall Zeuge der kleinen Szene geworden, erwies ich mich als perfekter Gentleman und lud die Fremde spontan ein, sich mit mir *Sissi, die junge Kaiserin* und danach *Sissi, Schicksalsjahre einer Kaiserin* anzuschauen.

Werbung und Vorankündigung *Demnächst in diesem Kino* nahm die langhaarige Schönheit noch kommentarlos hin, doch kaum hatte der Hauptfilm begonnen, beugte sich meine Sitznachbarin zu mir und fragte mich: »Das soll ich sein?«

Während Kamera 1 das kaiserliche Schloß Schönbrunn in seiner ganzen Pracht in die Totale nimmt, warf ich einen Blick nach rechts und entdeckte im Halbdunkel tatsächlich eine gewisse Ähnlichkeit zwischen Hauptdarstellerin und der Dame an meiner Seite: »Sie wollen mir doch nicht weismachen, daß Sie die Kaiserin Elisabeth sind?« sagte ich ungläubig.

»Natürlich«, flüsterte sie mir zu, »ich habe schon so viel von diesen *Sissi*-Filmen gehört, jetzt will ich mir endlich selbst einmal ein Urteil bilden.«

Schnitt/Kamera 2: Die blutjunge Sissi fegt in einem atemberaubenden Kostüm von Lambert Hofer die Feststiege des Schlosses hinauf. Pikiert fragte mich die Kaiserin im Kinosessel: »Warum hat man denn diese kleine Schauspielerin genommen, ich bin doch mindestens einen halben Kopf größer als sie.«

»Majestät«, wandte ich ein, »Romy Schneider war wohl die beste und prominenteste Besetzung, die der österreichische Film für Ihre Rolle zu bieten hatte.«

»Sie ist ja ganz herzig«, gab Elisabeth zu, »aber gerade herzig wollte ich nie sein. Ich bin eine moderne, emanzipierte Frau.«

»Ruhe«, herrschte eine ältere Dame aus einer der vorderen Sitzreihen die Kaiserin an, »man versteht ja kein Wort von dem, was die Kaiserin sagt.«

In diesem Moment erscheint auf der Leinwand Vilma Degischer als Sissis böse Schwiegermutter Erzherzogin Sophie und zeigt einer Gräfin Esterházy, wie's bei Hof zugeht: »Ich habe Sie zur Obersthofmeisterin Ihrer Majestät gemacht, weil ich Vertrauen zu Ihnen habe. Ich wünsche über alles, was Ihre Majestät tut, genauestens informiert zu werden.«

»Diese Schlange«, zischte mir Elisabeth gar nicht majestätisch zu, »diese Schlange hat mir eine Spionin an den Hals gehetzt. Nach hundertfünfzig Jahren muß ich im Kino erfahren, daß die Esterházy von Sophie bestochen war.« Nachträglich war der Kaiserin zu meiner Rechten der Schreck in die Glieder gefahren.

Nun erweist sich die Esterházy als Sophies würdige Agentin: »Ihre Majestät hat sich über die primitiven Badegelegenheiten im Schloß beklagt«, meldet sie der Erzherzogin. »Hier hat eine Maria Theresia gebadet«, stellt die Mutter des Kaisers ihren wahren Charakter unter Beweis, »es wird auch für eine kleine bayerische Prinzessin, die zufällig Kaiserin geworden ist, gut genug sein.«

»Sophie hat mir in Schönbrunn nicht einmal einen Waschtisch genehmigt«, machte Elisabeth ihrem Ärger Luft.

»Schweigen Sie!« meldete sich die Dame aus der vorderen Reihe noch einmal zu Wort und rief der Kaiserin zu: »Woher wollen denn Sie wissen, wie's bei Hof zuging?«

Überblendung/Kamera 3. Karlheinz Böhm taucht als junger Kaiser auf und eröffnet einen tiefschürfenden Dialog.

Franz Joseph: »Sissi, ich hab' so Sehnsucht nach dir gehabt.«

Elisabeth: »Immer sitzt du an deinem Schreibtisch und regierst. Ich bin schon ganz eifersüchtig auf deinen Schreibtisch.«

»Ein fürchterlicher Kitsch«, wisperte mir die Kaiserin ins Ohr. »Andererseits muß ich zugeben, daß es genauso gewesen ist. Hätte der Kaiser damals auf mich gehört, wäre unsere Ehe noch zu retten gewesen.«

»Pssst« machte ein linksaußen in unserer Reihe sitzender Herr, »Sie stören die Vorstellung!« Gleichzeitig raschelte er so laut mit einer Tüte Popcorn, daß ich das nun folgende Gespräch, in dem Sissi dem Kaiser ihr Heimweh nach Bayern klagt, nur bruchstückhaft verfolgen konnte.

18

Franz Joseph: »Ich tu' doch alles, um dich in deiner neuen Heimat« – Krrrrr – »glücklich zu ma« – Raschel – »Das bist du doch?«

Elisabeth: »Nur wenn du bei mir …« Der Rest ging in einer dröhnenden Popcornorgie unter.

Ein Lakai Seiner Majestät tritt unangemeldet ins Arbeitszimmer und überrascht das sich innig küssende kaiserliche Paar in flagranti.

»Unerhört«, erregte sich die hohe Dame neben mir über die Indiskretion.

Leinwandfüllend tauchen erste Wolken auf – sowohl über der Residenzstadt Wien als auch am Ehehorizont. Regisseur Ernst Marischka versteht es in unnachahmlicher Weise, Bild (Kamera 1/Totale) und Ton aufeinander abzustimmen. Kaum ist Sissis erstes Kind bei anhaltendem Schlechtwetter geboren, entführt Schwiegermama Sophie das Neugeborene auch schon in ihre Gemächer. Und sagt, sie selbst werde die Erziehung des Mädchens in die Hand nehmen. Da es Franz Joseph verabsäumt, sich für die Rechte seiner Frau als Kindesmutter einzusetzen, verläßt Elisabeth fluchtartig Wien und die Monarchie.

Kamera 2/Staatskrise. Die Kaiserin ist weg, streift durch ihre geliebten bayerischen Wälder. Ihr Papa – Herzog Max – nimmt sein überraschend heimgekehrtes Kind in die Arme: dem Schauspieler Gustav Knuth steigen Tränen des Glücks in die Augen.

Elisabeths Mutter Maria Ludovika tritt auf. »Die sieht mir aber sehr ähnlich«, zeigte sich die Kaiserin neben mir beeindruckt. »Jedenfalls im Film.«

»Kein Wunder«, erklärte ich, »Magda Schneider ist Romys echte Mutter.«

Wieder Schönbrunn. Kamera 3 fährt aus der Halbtotalen auf Erzherzogin Sophie zu, die ihrem Sohn erklärt, sie habe ihn »immer schon vor dieser Heirat gewarnt«.

Dazu Elisabeths Kommentar im Kino: »Frechheit!«

Schnitt/Kamera 2/Tiroler Berge. Franzl hat Sissi aus Possenhofen geholt, jetzt machen sie Urlaub. Inkognito. Hugo Gottschlich, der zünftige Hüttenwirt, erkennt seinen Kaiser weder en face noch im Profil und ruft dem jungen Paar in alpenländischer Mundart zu: »Wenn's wollt's, könnt's a paar Tag' bleiben, aber die Stub'n müßt's selber saubermachen!«

Während sich die p. t. Kaiserin auf der Leinwand zur Reinigung des primitiven Schlafgemachs anschickt, war die neben mir sitzende einer Ohnmacht nahe: »Ich und eine Stube putzen?« Bei Kaisers Abreise von der Alm verabschiedet sich der nach wie vor ahnungslose Wirt dann von Franzl und Sissi mit einem herzhaften »Pfüat euch Gott!«

Kamera 1. Man schreibt das Jahr 1867, Kaiserin und Kaiser reisen in einer prachtvollen Kutsche zur ungarischen Königskrönung nach Budapest. Sissi, auf dem Weg dorthin, in der Pußta: »Wie unendlich weit dieses Land ist, als reichte es bis zum Himmel, bis zum lieben Gott!«

»Das ist zuviel!« Die Frau neben mir sprang auf, um protestierend das Kino zu verlassen. »Wer verlangt denn, daß ich so geschwollen daherrede?«

»Der Verleih«, sagte ich und hielt sie am Rockzipfel fest. In den Dörfern brüllen Tausende Bauern ihrer künftigen Königin ein herzhaftes »Eljen« zu, und die in ihren Kinositz zurückgesunkene Elisabeth wunderte sich, daß eine österreichische Filmfirma so viel Geld für Statisten aufbringen konnte. Kaum hatten wir Teil eins

überstanden, legte der Operateur ohne weitere Vorwarnung die *Schicksalsjahre einer Kaiserin* ein.

Im Anschluß an das imposante Eröffnungsbild – ungarische Krönung in der Matthiaskirche zu Budapest – lädt der fesche Graf Andrássy alias Walther Reyer zu einem Fest auf sein Schloß. Der einst zum Tod verurteilte Revolutionär gesteht Sissi via Kamera 3 tränenreich: »Ich bin unsterblich verliebt in meine Königin, ich liebe Eure Majestät.«

Die ob dieser Szene neben mir zusehends nervöser werdende Kaiserin kramte in ihrer Handtasche, der sie einen kleinen Fächer entnahm, um damit für etwas Frischluft zu sorgen.

»Majestät«, sagte ich, »es wurde viel gemunkelt, daß Sie und Andrássy ... Was ist wahr an diesen Gerüchten?«

»Kann ich mich darauf verlassen, daß Sie unser Gespräch vertraulich behandeln und es nicht irgendwo veröffentlicht wird?« fragte mich die Kaiserin.

»Natürlich«, beruhigte ich sie und fertigte im Dunkeln ein paar Notizen für diesen Bericht an.

»Also gut, ich habe den Grafen Andrássy wirklich geliebt«, flüsterte mir die Kaiserin zu, »aber ich bin meinem Mann ...«

»... treu geblieben?« mischte sich just in diesem Augenblick ein hinter uns sitzender Herr, der uns schon längere Zeit belauscht haben mußte, ins vertrauliche Gespräch ein. Elisabeth begann noch wilder mit ihrem Fächer zu wacheln und verweigerte jede weitere Auskunft zum Thema Andrássy. Womit diese Frage von eminenter Tragweite nie mehr beantwortet werden dürfte.

Romy Schneider zeigt nun in der epischen Darstellung der lungenkranken Kaiserin eine geradezu *Oscar*-reife Leistung. Sissi wird zu guter Letzt wie durch ein Wunder geheilt, womit – unter den Klängen der Kaiserhymne und dem Wort

ENDE

im Nachspann – das Finale geschafft ist.

»Das ist das Ende?« fragte mich die Kaiserin, während wir uns von den Kinositzen erhoben.

Auf dem Weg Richtung Kapuzinergruft forschte ich, wie ihr die beiden Filme gefallen hätten.

»Es überrascht mich,« antwortete Elisabeth, »daß dieser Ernst Marischka gerade die wichtigsten Stationen meines Lebens einfach weggelassen hat.«

22

»Welche Stationen?« stellte ich mich naiv.

»Also, meine kleine Sophie, unser erstes Kind, das im Film des langen und breiten als entzückendes Mäderl gezeigt wird, ist im Alter von zwei Jahren gestorben. Davon erfährt man im Kino ebensowenig wie von der Tatsache, daß ich noch drei weitere Kinder hatte: Gisela, Marie Valerie und Rudolf wurden dem Publikum von Herrn Marischka glatt verschwiegen. Dadurch hat auch der schlimmste Schicksalsschlag meines Lebens gar nicht stattgefunden – Mayerling gibt's nicht im Film.«

Während wir die Opernkreuzung überquerten, fielen Elisabeth weitere filmische Unterlassungssünden ein.

»Was ist mit meinem Lieblingscousin«, sagte sie, »dem König Ludwig von Bayern, der 1886 im Starnberger See ertrank? Und wieso wird meine Trauer um meine verstorbenen Schwestern Helene und Sophie nicht gezeigt? Auch die Hinrichtung meines Schwagers, Kaiser Maximilian von Mexiko, findet keine Erwähnung. Und, glauben Sie wirklich, daß die Damen Anna Nahowski – die meinem Mann immerhin zwei Kinder schenkte – und Katharina Schratt mit meiner Biographie rein gar nichts zu tun haben? Wieso ist von der nervösen Magersucht, die mich so viele Jahre plagte, keine Rede? Und von den ständigen Todesahnungen, die mich in den letzten Jahren befielen? Auch meine Ermordung in Genf hat laut Film nicht stattgefunden!«

Da ich keinen ihrer Einwände seriös entkräften konnte, zuckte ich nur stumm mit den Schultern und hörte der kompetenten Filmkritikerin weiter zu: »Ich kann mir nicht helfen«, sagte sie, »diese *Sissi*-Filme haben mit mir sehr wenig zu tun. Ich war ganz anders.«

»Gewiß, Majestät«, sagte ich jetzt, »aber die Filmleute

müssen ans Geschäft denken und können auf unwichtige Kleinigkeiten wie Wahrheit und Ähnlichkeit keine Rücksicht nehmen.«

Kaiserin Elisabeth hielt einen Augenblick inne, ehe sie zum Schluß kam: »Das bedeutet wohl, daß mich die Menschen in Ihrem Jahrhundert als zuckersüße, kleingewachsene, recht glückliche Kaiserin sehen, die keine Tragödien erlebte, so gut wie keine Eheprobleme hatte und nicht ermordet wurde!«

»Majestät haben recht«, mußte ich zugeben. »Zumindest bis der nächste *Sissi*-Film gedreht wird.«

Walther von der Vogelweide macht Karriere

Aus den unveröffentlichten Memoiren eines Minnesängers

Der prominenteste Austropop-Star des Mittelalters sitzt – in langem, fließendem Gewand und ledernen Schnabelschuhen an den Füßen – in den Zinnen einer Ritterburg. Er begleitet seinen Gesang mit der Leier.

Ich heiße von der Vogelweide, Walther,
Unbekannt blieb mein genaues Alter.
Man weiß nur ganz ungefähr,
Wo ging ich hin, wo kam ich her.
Um 1170 ward' ich geboren,
Anno 1230 hat die Welt mich wieder verloren.
Dazwischen sang ich von Rittern und von der Liebe,
Ich besang ihre Kriege, ich besang ihre Triebe.
Politische Kommentare hinterließ ich für
   Generationen,
Selbst meine eigenen Herren wollt' ich nicht schonen.
So konnt' meine Dichtkunst am Hofe zu Wien
Bei den Babenbergern nicht lange erblüh'n.
So manchem Fürsten dient' ich als Sänger der
   Minne,
Der Papst freilich dachte eher, ich spinne!

Denn im Streit zwischen Kaiser und Heiligem
  Stuhl
Dient' ich eher dem Reich als dem römischen
  Pfuhl.

Sie werden mich fragen, wie die Zeiten damals so
  waren,
Na bitte, Sie sollen es hier gleich erfahren:
In dem Jahr, als ich vermutlich geboren,
Hat man St. Veit zur Hauptstadt von Kärnten
  erkoren.
Österreichs Herzog hieß Jasomirgott, Heinrich,
Wie er gestorben, das war eher peinlich:
Im Krieg gegen Böhmen verließ ihn das Glücke –
Als er stürzte vom Pferd auf einer sehr morschen
  Brücke
In einer Gegend, wo die Donau sehr steil war,
Brach er sich ein Bein (was damals unheilbar).

Während ich auf Burgen gesungen, gedichtet,
Wurde im Stil der Romanik sehr viel errichtet.
Doch damit ich mich dabei nicht unnötig verzettel,
Nenn' ich nur wenige Bauten: den Dom zu Gurk,
  das Stift von Zwettl,
Den Dom auch in Salzburg und den Verduner Altar
(in Klosterneuburg, wie jedermann klar).

Ich war schon zu Lebzeiten sehr populär,
Fuhr im Wagen von Auftritt zu Auftritt umher,
Meine Lyrik fand damals immense Verbreitung:
Ich ersetzte – könnte man sagen – im Mittelalter die
Kronen Zeitung.

Meine Zeit, die war ganz besonders bestimmt
Vom Heere der Kreuzritter, was viele ergrimmt.
Sie zogen per Flotte ins Heilige Land
Mit Kaiser Friedrich Barbarossa als Kommandant.
Doch jener ertrank im Schatten edler Magnolien,
Beim Baden im Flusse Saleph in West-Anatolien.
Eine Todesart, schlimm und abscheulich –
Und nicht nur für Rittersleut' sehr unerfreulich.

Nach drei Jahren Kreuzzug mit solchen Problemen
Gelang es Österreich, die Stadt Akkon zu nehmen.
Herzog Leopold hieß unser Held,
Doch die Heldentat ward' ihm gar schrecklich
    vergällt,
Denn auf wen trifft er dort, an Jerusalems Pforten?
Auf Richard Löwenherz mit seinen Kohorten!
Der englische König ward' sehr erbittert,
Weil er es gewohnt', daß man vor ihm zittert.
Drum riß er die Fahne des Herzogs vom Schloß
Und setzte sich wieder auf sein hohes Roß.
Der Herzog, der kämpfte, so sagen's Legenden,
Um seine Flagge mit Füßen und Händen.
Er wurde verwundet, er war zwar nicht tot,
Doch ward' seine Fahne durch's Blut rot-weiß-rot.
So schlimm hat man's mit unsrem Herzog getrieben.
Die Fahne jedoch ist bis heut' so geblieben.

Der Herzog hat Richard das niemals vergessen.
Und kaum ein Jahr später ist der schon gesessen.
Der Österreicher hielt ihn in Dürnstein gefangen,
Wo dem König leider nicht meine Gesänge erklangen,
Denn da war ja Kollege Blondel in Lionhearts
    Diensten,

Wodurch sich nicht meine, sondern dessen Gelder
    verzinsten.
Bei Lionheart traf es bekanntlich kan' Armen,
Es hält sich in Grenzen daher mein Erbarmen –
Allein mit dem Lösegeld, das man für ihn
    genommen,
Hat Wiener Neustadt seine Stadtmauer bekommen.

Bei so vielen Rittern und Helden im Heer
War's – ich sag's ganz ehrlich – gar nicht so schwer,
(ich nehme fast an, Sie werden jetzt lachen):
Als Minnesänger Karriere zu machen!

»Jetzt sans wirklich waach«

Ein bisher geheimgehaltenes
Staatsvertrags-Protokoll

DIE PERSONEN:
Dwight D. Eisenhower, 34. Präsident der Vereinigten
Staaten von Amerika
Nikita Chruschtschow, Vorsitzender der KPdSU

Am Schreibtisch des US-Präsidenten im Oval Office des
Weißen Hauses läutete in den Morgenstunden des 16.
April 1955 das »rote Telefon«, jener Apparat, der die
direkte Verbindung zwischen den beiden mächtigsten
Männern der Welt herstellte. General Eisenhower hob
ab.
»Ike?« fragte ein Herr mit russischem Akzent.
»Yes!«
»Hier Nikita!«
»Hallo, Niki, how are you?«
»Charascho.«
»And how is Nina?«
»Otschen Charascho. Sie hat nur gerade so viel zu tun.
Wir haben Gäste hier im Kreml.«
»Gäste? Von wo?«
»Awstria, aus Wien.«
»Oh, Vienna, I know. Die waren auch schon bei mir
im Weißen Haus. Der Figl Poldl und der Raab Julius,

very funny guys, reden immer nur über ihren ... how do they say? – Staatsvertrag. And they drink wine like water.«

»Wino, na sdrowje! Ich kann kaum schauen aus Augen von Verhandlungen letzte Nacht. Irgendwann, nach die achte Viertel Brünnerstraßler, den sie haben mitgebracht, flüsterte der Poldl dem Julius ganz leise in Ohr: ›Und jetzt, Raab – jetzt noch d'Reblaus, dann sans waach.‹«

»Woher weißt du Wortlaut so genau, wenn Figl hat ganz leise geflüstert in Ohr von Raab?«

»Du kennst doch unseren KGB. Alles verwanzt!«

»Auch der Rote Salon von Kreml ist verwanzt?«

»Woher weißt du, daß Verhandlung war in Rote Salon von Kreml?«

»Du kennst doch unseren CIA ...!«

»Ike, du bist ein Schlawiner!«

»What is a Schlawiner?«

»Ich kann nicht übersetzen. Wort haben mir Gäste aus Wien letzte Nacht beigebracht.«

»Tell me, Niki, why do you call me?«

»Awstriski wollen haben Staatsvertrag, wollen Unabhängigkeit, Souveränität, Neutralität. Was sollen wir machen?«

»Well, wir geben ihnen alles, was sie wollen, it's okay!«

»Das ist verdächtig, Towarisch, wenn du sagst it's okay. Dann muß sein Haken daran.«

»Oh, no, kein Haken, you can sign this statescontract, no problem, believe me!«

»Wenn du das sagen, Ike, kann doch nur bedeuten, daß dieser Staatssekretär Kreisky Bruno dir hat erklärt, Österreich will Annäherung an Amerika!«

»That's right!«

Und jetzt, Raab-jetzt noch d Reblaus, dann sans waach.

»Ich nix verstehen, nitschewo. Denn mir hat Kreisky
Bruno erklärt, Österreich will Annäherung an UdSSR!«
»Das hat er dir erklärt? I can't understand!«
»Jetzt du weißt, was ist Schlawiner?«
»Yes, now I know! Trotzdem, I am absolutely für neu-
trality von Austria. Vor allem wegen die Militär!«
»Wegen die Militär?«
»Yes, Austria möchte haben eigene Armee. I spoke to
my Generals, die zittern jetzt schon. Stell dir vor, Nikita,
Österreich greift einen von uns beiden mit seinem ge-

fährlichen Bundesheer an, unvorstellbar! Darum wir müssen ihnen geben die Neutralität.«
»Wäre Awstriski Bundesheer wirklich so gefährlich?«
»Ja, schrecklich!«
»Wer sagt?«
»Auch Kreisky Bruno!«
»Towarisch Figl fordert, daß wir sollen abziehen unsere Besatzungssoldaten!«
»Er fordert?«
»Ja.«
»How is that possible?« Eisenhower, ansonsten die Ruhe in Person, schien erregt. »Wie kann Mr. Figl von uns etwas fordern? Die haben doch den Krieg verloren, they've lost the war!«
»Towarisch Raab sagt, sie können nix dafür, Awstriski sind unschuldig. Hitler war Deutscher, Beethoven Österreicher, Gershwin hat das Fiakerlied komponiert, Tschaikowski die Bundeshymne, und Udo Proksch ist noch gar nicht auf der Welt ... oder so ähnlich.«
»Laß dir doch von diesen Wienern nicht auf der Nase herumtanzen, they dance on your nose. Das sind ..., how did you say –?«
»Schlawiner!«
»That's right! Also, wenn sie unverschämte Forderungen stellen, dann wir müssen ablehnen! Dulles, mein Außenminister, said to me, wir haben mit Marshallplan so many millions in austrian industry gebuttert. Ein Staatsvertrag würde american economy keinen Dollar bringen.«
»Dollar, Dollar! Ihr Amerikanski liebt immer nur Geld. Wir aber lieben die Menschen!«
»Well, darum sperren wir unser Geld ein – und ihr die Menschen!«

32

»Spielst du schon wieder Kalte Krieg mit mir?« fragte Chruschtschow böse.

»Oh no, Niki, Kalte Krieg spielen wir doch nur, wenn Fernsehen und Wochenschau sind dabei.«

»Spasibo, Towarisch! Zurück nach Awstria – wir also sagen njet zu Staatsvertrag?«

»Yes, we say njet!«

»Aber unsere Kalte Krieg geht weiter, kann ich mich darauf verlassen?«

»Sure. Und wir treffen uns alle drei Monate zu Verhandlungen in Genf, Paris, London, New York ...«

»Kalte Krieg an kalte Buffet?« Genüßlich strich Nikita Chruschtschow über seinen Bauch.

»That's right, cold war and cold buffet!«

Beide lachten.

»Ike, ich muß dich noch etwas fragen: Wie soll weitergehen Aufrüstung? Unsere Planwirtschaft ist am Ende, letzte Fünfjahresplan hat nur gedauert fünf Tage – dann wir hatten keine Rohstoffe mehr. Und kein Geld. Ich habe keine einzige Rubel für neue Atombombe.«

»Das ist sehr bedauerlich! But I can't help you: Unsere Waffenindustrie schreit nach Aufrüstung. Wir müssen bauen Wasserstoffbomben, Panzer, Kampfhubschrauber, Raketen, Maschinengewehre ...«

»Kannst du mir wenigstens 2000 Kalaschnikows aus unserer Überproduktion abnehmen?«

»I'm sorry, Niki, wenn ich deine Kalaschnikows kaufe, bekomme ich Probleme mit *Lockheed Industries*. – Aber, damit du siehst, daß ich bin ein echter Freund, schenke ich dir achtzig ausrangierte *PanAm*-Flugzeuge. Frisch lackiert, sehen aus wie neu!«

»Spasibo, danke Towarisch. Dafür lasse ich dich vor

deinen nächsten Präsidentschaftswahlen durch die *Prawda* beschimpfen, das wird dir sicher nützen.«
»Thank you, Niki …«

Plötzlich, mitten im freundschaftlichen Geplänkel, wurde am direkten Draht Washington–Moskau lautes Knacken vernehmbar. Nervös klopften die beiden Staatsmänner auf ihre Telefonhörer.
»Hey, what's going on there?« fragte Eisenhower einen zufällig neben ihm stehenden CIA-Experten.
»Briderchen, seid ihr verrückt geworden?« brüllte Chruschtschow, zog seinen rechten Schuh aus und ließ ihn lautstark auf den Schreibtisch knallen. Ein ebenfalls zufällig anwesender Ingenieur des KGB wurde im selben Augenblick von einem Polizeiorgan abgeführt und zu einem Kuraufenthalt von unbestimmter Dauer in Sibiriens idyllische Winterlandschaft transferiert.
»Somebody muß in der Leitung sein«, konstatierte Präsident Eisenhower, als er sich ein wenig beruhigt hatte. »Who is there, melden Sie sich freiwillig!«
»Dobrej djen, Towarisch, dawai, dawai«, brüllte der Kremlchef.
»Hier Dr. Peterlunger, österreichische Staatspolizei«, war nach einer kurzen Pause endlich die gemütliche Stimme eines Herrn mit leicht wienerischem Akzent zu vernehmen, »bin i richtig verbunden mit Herrn Eisenhower, Dwight, amerikanischer Staatsbürger, geboren am 14. 10. 1890 in Denison/Texas, wohnhaft Washington D. C., Weißes Haus, Familienstand: verheiratet? Sowie mit Herrn Chruschtschow, Nikita, sowjetischer Staatsbürger, geboren am 17. 4. 1894 in Kalinowka/Rußland, wohnhaft Moskau, Roter Platz, Kreml, Familienstand: verheiratet …?«

»Yes« – »Da, da«, bestätigten die Befragten im telefonischen Verhör.

»Gott sei Dank bin i durch'kommen«, zeigte sich der Herr aus Wien erleichtert, »i hab' mir erlaubt, mich namens der österreichischen Bundesregierung in Ihr Gespräch einzuschalten, um Ihnen eine kleine Melodie aus Wien vorzuspielen.«

»Eine Melodie aus Wien?« hörte man unisono aus Kreml und Weißem Haus.

»Ja, bitte genau aufpassen, meine Herren!« Dr. Peterlunger legte eine Schallplatte auf den Plattenteller. Sie kratzte laut vernehmbar von Wien nach Moskau und Washington. Und nach kurzer Zeit erklang eine liebliche Weise im Telefonnetz.

Atemlos lauschten US-Präsident und KPdSU-Chef, während rund um den Erdball postierte Geheimdienstleute die folgenden Worte verzweifelt zu entschlüsseln versuchten:

I weiß net, was das is, i trink so gern a Flascherl Wein, 's muß grad ka b'sonderer Anlaß oder Sonntag sein ...

»What's that?« fragte General Eisenhower erstaunt, »it's a beautiful song!«

»Schto eto, was ist das?« wollte auch Chruschtschow wissen.

»Warten S' a bißl, meine Herren, es geht no weiter«, und immer noch tönte es im völkerverbindenden Heurigentakt:

... drum hab' den Gumpoldskirchner ich so vom Herzen gern.
Und wenn i stirb, möcht ich a Reblaus wieder wer'n.

»What is a Reblaus?« fragte Eisenhower.

»A Reblaus«, kramte Dr. Peterlunger sein bestes Mittel-

35

schulenglisch hervor, »is a little Viecherl, das den Wein kaputt macht.«

»Warum will der Towarisch Sänger so etwas Furchtbares werden?« mischte sich Chruschtschow ein.

»Das ist leider nicht überliefert«, antwortete der österreichische Beamte, während er die Platte vom Plattenteller hob und penibel abstaubte. »It's a popular song, introduced by our great Viennaliedsinger Hans Moser.«

Eisenhower und Chruschtschow hatten Tränen in den Augen.

»Okay, ihr habt den Staatsvertrag«, sagte der Präsident der Vereinigten Staaten von Amerika und schluchzte haltlos in den Äther.

»Wsjo choroscho, praweno, Towarisch, ich bin einverstanden«, plärrte jetzt auch Chruschtschow drauflos.

Nur Dr. Peterlunger blieb gefaßt und konnte einem ihm gegenüber sitzenden Diplomaten des Auswärtigen Amtes Bericht erstatten: »Herr Legationsrat – jetzt sans wirklich waach!«

Am 15. Mai 1955 wurde der österreichische Staatsvertrag im Wiener Belvedere unterzeichnet.

Gar nix is' hin!

Der Liebe Augustin lebt

Als ich neulich Appetit auf Rindsgulasch mit Nockerln hatte, betrat ich das am Fleischmarkt in Wien gelegene *Griechenbeisel*. Überfüllt, wie diese Touristenattraktion meist ist, mußte ich einen mir gänzlich unbekannten Herrn bitten, an seinem Tisch Platz nehmen zu dürfen. Sei es übers Wetter oder die verworrene politische Lage unserer Zeit – irgendwie kamen wir während des Gulaschverzehrs ins Gespräch. Der Fremde hatte bei zwanglosem Geplauder gerade zwei, drei Viertel Wein heruntergekippt, als ich mich noch für Kaffee und Torte entschied. Irgendwann überreichte mir der etwas wundersam wirkende Gasthausbesucher dann noch seine ziemlich abgegriffene Visitenkarte. Ich wollte gerade zahlen, als ich einen flüchtigen Blick darauf warf. Und glaubte meinen Augen nicht trauen zu können.

DER LIEBE AUGUSTIN

stand da.

»Mein Herr«, kramte ich all mein historisches Wissen hervor, »wenn ich nicht irre, haben Sie die große Pestepidemie überlebt, die Wien im Jahre 1679 erschütterte. Es ist vollkommen ausgeschlossen, daß Sie neben mir an diesem Gasthaustisch sitzen.«

»Wie Sie richtig sagen«, entgegnete der Fremde, »habe ich die Pest überlebt. Aber haben Sie je davon gehört, daß ich gestorben bin?«

»Unterlassen Sie solche Scherze«, erwiderte ich verärgert, »man mag die Pest in Ausnahmefällen überleben – aber doch nicht um dreihundert Jahre.«

»Ich offenbar doch! Kein Mensch ist je der Frage nachgegangen, was aus mir geworden ist, nachdem ich die Seuche überstanden hatte.«

»Also gut, ich gehe der Frage nach: Was ist aus Ihnen geworden, Herr Augustin?« Da ich mich mittlerweile vom ersten Schock erholt hatte, fügte ich seriöserweise noch an: »Vielleicht werde ich Ihre Lebensgeschichte in mein nächstes Buch aufnehmen.«

»Werde ich an den Tantiemen beteiligt?« wollte der geschäftstüchtige Bänkelsänger wissen.

»Wir werden sehen! Jetzt erzählen Sie erst einmal!«

»Ich wurde 1645 zu Wien geboren«, hob Augustin an, »hatte eine schwere Kindheit, aber wer hatte die nicht in meiner Zeit? Schon in frühester Jugend kannte ich nur die Musik. Von einem entfernten Onkel erbte ich diesen Dudelsack.«

Ein wenig umständlich kramte mein Tischnachbar nach einem unterhalb seines Sessels lagernden Lederkasten. Er entnahm ihm ein recht unförmiges Instrument, blies und pumpte ein wenig, worauf dem Dudelsack ein paar eigenartige Töne entwichen. Als sich die umsitzenden Gäste beschwerten, legte der Liebe Augustin das antike Gerät beleidigt weg.

»In meiner Zeit wären die Leute begeistert gewesen, wenn ich ihnen etwas vorgespielt hätte«, sagte er. »Ich war ein berühmter Musikus, und in den Wirtshäusern hat man mir immer gleich Münzen zugesteckt, wenn ich meine fröhlichen Melodien spielte. So auch an jenem 10. September 1679.«

»An jenem 10. September 1679?« fragte ich.

»Ja, hier am Fleischmarkt, vis-à-vis von uns, in der Schenke *Zum roten Dachel*. Seit sie sie zugesperrt haben, sitze ich jeden Abend hier im *Griechenbeisel* und schau' voll Wehmut hinüber auf die andere Straßenseite.«

»So schön kann doch die Zeit der Pest nicht gewesen sein?« wunderte ich mich.

»Für mich schon.« Augustin nahm einen Schluck. »Ich war damals prominent. Was nützt mir Ihre ganze schöne neue Zeit, in der mich kein Mensch kennt.«

»Also, was war an diesem 10. September, drüben im *Roten Dachel*?«

»Ich hab' ja immer schon ganz gern ins Glasl g'schaut«, vertraute mir die Legende jetzt an, »so auch in jener Nacht. Ich geh' also vom *Roten Dachel* zum Burgtor hinüber, fall' in meinem Dusel hin und schlaf' auf der Stelle ein. Was dann passierte, weiß ich selbst nur aus Geschichtsbüchern und einem Film, in dem mich der Paul Hörbiger verkörperte, denn ich selbst schlief so fest, daß ich überhaupt nichts mitbekam. Irgendwann müssen zwei Siechknechte vorbeigekommen sein, die mich dann abtransportierten.«

»Siechknechte?« stieß ich verständnislos nach.

»Sie wollen ein Buch schreiben?« tadelte mich Herr Augustin. »Sie haben doch keine Ahnung. Also: Seit Wochen wütete der Schwarze Tod, wie wir die Epidemie nannten. Auf allen Straßen der Stadt lagen die Leichen herum, mehr als sechzigtausend waren es schon, Wien hatte ein Drittel seiner Bewohner verloren.«

»Eine schreckliche Krankheit«, sagte ich, »und offensichtlich unheilbar.«

»Natürlich, wir hatten ja noch kein Penicillin. Schuld war die mangelnde Hygiene. Sie können sich nicht vorstellen, wie wir damals gelebt haben. Körperpflege war so gut wie unbekannt, die Leut' haben sich ein, zweimal im Jahr gewaschen, Kleider wurden so lang getragen, bis sie in Lumpen vom Körper fielen. Die Sickergruben lagen neben den Wohnhäusern und wurden nur alle fünfzehn Jahre entleert. Über der ganzen Stadt lag ein entsetzlicher Gestank. Und die Jauche floß ins Trinkwasser der nahen Schöpfbrunnen.« Augustin prostete mir zu.

»In ganz Wien«, fuhr er fort, »sammelten Siechknechte die Toten ein. Sie gingen auf Stelzen, um sich vor dem pestbefallenen Ungeziefer auf dem Boden zu schützen und trugen gespenstisch aussehende Schnabelmasken, von denen sie ebenfalls Schutz vor Ansteckung erhofften. Als mich zwei dieser Siechknechte beim Burgtor liegen sahen, hielten sie auch mich für ein Opfer der Pestilenz. Sie luden mich auf einen Wagen und verfrachteten mich zu einer der 77 Pestgruben am Rande der Stadt. Dort wurde ich zu den anderen geworfen.«

»Sie haben den direkten Kontakt mit den Pesttoten überlebt?« fragte ich ungläubig.

»Wie Sie sehen, bin ich nicht umzubringen!«

»Wie ist denn Ihr berühmtes Lied vom *Lieben Augustin* entstanden?«

»Als ich am nächsten Morgen wieder aufgewacht bin, bin ich aus der Pestgrube gekrochen und dann von einem Wirtshaus zum anderen marschiert. Ich hab' den Wienern meine unglaubliche G'schicht erzählt und ihnen damit Mut gemacht. In einer Zeit, in der die Leut' wirklich nichts zu lachen hatten, hab' ich sie doch zum Lachen gebracht. Irgendwann is' mir dann a Melodie dazu eing'fallen (er stimmte sie zum Unmut der anderen Besucher im *Griechenbeisel* auf seinem Dudelsack an und sang dann ein Paar Takte: *Oh, du lieber Augustin, 's Geld is' hin, 's Mensch is' hin. Oh, du lieber Augustin, alles ist hin …)*«

»*Dafür* hätten Sie Tantiemen kriegen müssen«, sagte ich, um auf meine letzte Frage überzuleiten: »Was sagen Sie denn zu unserer Zeit, wie gefällt Ihnen das 20. Jahrhundert?«

»Also, wer wie ich die Pest kennt, der ist durch nichts zu erschüttern. Nicht einmal durch das 20. Jahrhundert.«

Ich dankte für das Gespräch und wollte mich schnell verabschieden, da erwischte er mich noch am Ärmel:

»Moment, Herr Chef, was ist mit meinen Tantiemen?«

»Darf ich Sie auf Ihre Konsumation einladen?«

»Nur wenn ich noch ein Viertel bestellen darf.«

»Einverstanden!«

»Die vier Vierteln sind mir ohnehin lieber als eine Beteiligung an Ihrem Buch«, sagte der Liebe Augustin.

»Sicher ist sicher.«

Mata Hari an Oberst Redl

Geheimtreffen der Meisterspione

Der Oberst war, als er der Südbahn entstieg, in Zivil
gekleidet und versteckte sein rundliches Gesicht
unter einem tiefsitzenden, breitkrempigen Panamahut.
Mata trug einen unauffälligen grauen Stoffmantel und –
obwohl an diesem Tag kein Sonnenstrahl durch die
dichten Wolken drang – eine dunkle Sonnenbrille.
Man war inkognito, zumal ein solches Rendezvous le-
bensgefährlich sein konnte.
Also fand das Treffen der beiden Meisterspione unter
entsprechender Geheimhaltung statt. Und so dringt
der Inhalt ihres Gesprächs hier, mit mehr als achtzig-
jähriger Verspätung, erstmals ans Licht der Öffentlich-
keit.
Alfred Redl, Oberst des Generalstabs und langjähriger
Chef der österreichisch-ungarischen Spionageabwehr,
sowie Mata Hari, als Nackttänzerin und Agentin nicht
minder prominent, waren am 16. April 1912 im *Grand-
hotel Panhans* am Semmering abgestiegen. Unter falschen Namen, versteht sich.
Mata klopfte an Alfreds Tür, durfte aber erst nach Nen-
nung des vereinbarten Codewortes (»Opernball«) eintreten.
»Hast du darauf geachtet, daß dir niemand folgt?« fragte der Oberst.

»Wofür hältst du mich? Glaubst du, die berühmteste Spionin aller Zeiten benimmt sich wie eine blutige Anfängerin?«
»Natürlich nicht«, beruhigte Redl seine Kollegin und betätigte die Klingel, um das Zimmermächen zu rufen. »Setz dich, Mata. Schön, dich kennenzulernen. Über Mittelsmänner hatten wir schon Kontakt zueinander – leider warst du meist auf der anderen Seite. Aber ich habe dich als Agentin immer sehr geschätzt.«
»Auch ich bewundere deine Arbeit.«
»Ist Mata Hari dein wirklicher Name?« fragte Redl, während er der schönen Agentin aus dem Mantel half. Mit ihren vierzig Jahren war sie immer noch eine strahlende Erscheinung. Und in dem dunkelblauen Kostüm, das ihre gertenschlanke Figur betonte, sah sie bezaubernd aus.
»Nein, es ist ein Künstlername, den ich seinerzeit als Tänzerin wählte. Mata Hari bedeutet *Auge der Morgendämmerung*. Eigentlich heiße ich Margarethe Zelle, mein Vater war Hutmacher in den Niederlanden. Aber das Pseudonym sollte sich als wichtig für meine weitere Karriere erweisen. Oder kannst du dir vorstellen, daß die Garbo, Jeanne Moreau und Sylvia Kristel mein Leben verfilmt hätten, wenn ich als Fräulein Zelle in die Spionagegeschichte eingegangen wäre? Ich mußte mich Mata Hari nennen, um weltberühmt zu werden.«
Es klopfte an der Tür. Reflexartig umfaßte Redl den Griff seiner Dienstpistole.
»Hier ist Anni, das Zimmermädchen«, meldete sich eine verdächtige Frauensperson, »darf ich eintreten?«
Mata Hari verschwand im Bad, und der Oberst ließ das Mädchen herein.
»Bringen Sie mir zwei große Tassen Kaffee!« sagte er.

»Zwei?« Erstaunt sah Anni den Gast an. Redl wußte in diesem Augenblick, daß er einen schweren, vielleicht sogar einen tödlichen Fehler begangen hatte. War das Zimmermädchen eine zu seiner Überwachung angesetzte russische Agentin? Oder würde es dem Evidenzbüro, also dem österreichischen Geheimdienst, sofort Meldung erstatten?

Schnell beruhigte sich Redl wieder. Was konnte ihm schon passieren. Schließlich war er selbst Chef der Spionageabwehr – jede verdächtigte Meldung käme als erstes auf seinen Schreibtisch im Wiener Kriegsministerium. Und den Russen könnte er im Falle des Falles erzählen, er wollte Mata Hari für St. Petersburg anwerben.

»Ich trinke zwei Tassen Kaffee«, sagte der Oberst, »weil ich die ganze Nacht kein Auge zugemacht und jetzt eine wichtige Arbeit zu erledigen habe, bei der ich hellwach sein muß.« Das Zimmermädchen nahm die Erklärung mit derart gelangweilter Miene auf, daß er annehmen konnte, keiner Agentin gegenüberzustehen.

Anni ging, und Mata Hari kehrte aus dem Bad zurück. Sie setzte sich.

Erschöpft ließ sich auch Redl in einen Fauteuil fallen.

»Die Leute glauben immer, die Spionage sei ein Abenteuer, bei dem man ständig auf Reisen ist und Unmengen von Geld verdient – in Wahrheit ist's eine Drecksarbeit. Morgens bis abends irgendwelche Leute verfolgen, geheime Schriftstücke kopieren, Gespräche abhören ...«

»... und immer darauf achten, ob du nicht selbst beobachtet oder von der Gegenseite abgeknallt wirst«, ergänzte Mata Hari. »Wie bist du zu dem Job gekommen?«

44

»Erinnere mich nicht daran«, bat Alfred. »Die Russen zwangen mich, für sie zu arbeiten. Und wenn du erst einmal drinsteckst, kommst du da nicht mehr raus.«

»Wem sagst du das«, klagte die Agentin. »Wie herrlich wäre es, ein beschauliches Leben führen zu können, in einem kleinen Häuschen irgendwo auf dem Lande, den eigenen Garten zu pflegen ...«

»... ein paar Kinder zu haben.«

»Das wär' bei mir nicht drin, du weißt ...«, erwiderte der Oberst.

»Ach ja, du hattest immer Probleme mit Frauen.«

»Das war ja mein Verhängnis. Hätte ich bei den Russen nicht mitgemacht, als sie mich 1901 dazu erpreßten, hätten sie ihr Wissen um meine Neigungen an den österreichischen Generalstab weitergeleitet. Das wäre das Ende meiner Offizierskarriere gewesen.«

»Wir Agenten sind unseren Auftraggebern schutzlos ausgeliefert«, sagte Mata Hari. »Es geht doch nicht an, daß unsereins ohne Kollektivvertrag, Krankenkasse und Pensionsversicherung auskommt. Was soll aus uns werden, wenn wir alt sind?«

»Wer wird in unserem Beruf schon alt?«

»Das kann man nie wissen.«

»Wenn du mich fragst – ich will gar nicht alt werden«, öffnete Redl seine Seele. Der Spion zündete sich eine *Virginia*-Zigarre an, wie auch der Kaiser sie zu rauchen pflegte.

»Schau mich an, Mata, ich bin am Ende. Du mußt wissen, daß ich immer nur ein treuer Untertan meines Kaisers war. Nichts lag mir ferner, als mein Vaterland zu verraten. Aber seit mich die Russen in der Hand haben, muß ich der *Ochrana* – dem Geheimdienst des Zaren – jede Information weitergeben, über die ich verfüge. Als

Chef des österreichischen Kundschaftsbüros weiß ich über alle Geheimnisse unserer Armee Bescheid, und so ist der Feind von morgen über jeden Schritt, den wir im Ernstfall setzen würden, im Bilde. Würde ein Krieg ausbrechen – Österreich und sein deutscher Bündnispartner hätten keine Chance, so viel habe ich in all den Jahren preisgegeben. Und Hunderttausende meiner Kameraden müßten als Folge meines schändlichen Verrats auf den Schlachtfeldern ihr Leben lassen. Wenn Österreich durch meine Schuld diesen Krieg verliert, ist auch das ganze Kaiserreich dahin – und das deutsche ebenso.«

Redl nahm einen tiefen Zug aus seiner Zigarre. »Mit dieser Belastung lebe ich jeden Tag. Niemand weiß davon, nur ich, der russische Geheimdienst – und jetzt auch du.«

»Warum erzählst du mir das, Alfred, hast du nicht Angst, daß ich dich verraten könnte?«

»Wer weiß, vielleicht sehne ich mein Ende herbei.«

Wieder klopfte es an der Tür. Mata ging ins Bad, das Mädchen servierte den Kaffee, danach setzten die beiden Spione ihr Gespräch fort.

»Wer hat dich als Agentin angeworben?« fragte Redl.

»Ach, das ist eine lange Geschichte. Mein Mann war Kapitän der königlich-holländischen Marine. Als mich die Ehe zu langweilen begann, ließ ich mich in die Kunst der balinesischen Tänze einweihen. Sobald auf Bali der letzte Schleier fällt, wollen die Besucher der Bars und Nachtlokale mehr, viel mehr. Für 20 000 Francs pro Nacht haben sie das von mir auch bekommen.«

»20 000 Francs pro Nacht? Ein stolzer Preis!«

»Ich war's wert. Zu jenen, die meine Liebesdienste in

Anspruch nahmen, zählten Minister, Botschafter, Militär- und Marineattachés. Und so tat sich in meinem Schlafzimmer bald ein weiterer Geschäftszweig auf, als nämlich die Herren nach vollzogenem Akt von mir wissen wollten, worüber die anderen Diplomaten mit mir plauderten. Auf diese Weise konnte mich die feine Kundschaft bei ihrer Regierung als Agentin führen und mein Honorar als Spesen verrechnen. Also verkaufte ich jetzt neben meinem Körper auch mein Wissen.«

»Gut gemacht, Mata«, lobte Redl. »Bist du dabei glücklich?«

»Natürlich nicht. Am liebsten würde ich mich wieder Margarethe Zelle nennen und in mein bürgerliches Leben zurückkehren.«

»Dann würden sie dich sofort über den Haufen schießen!«

»Ja, damit müßte ich wohl rechnen. – Würdest du nicht auch am liebsten wieder deinen bürgerlichen Namen annehmen, Alfred?«

»Redl ist mein bürgerlicher Name. Leider! Hätte ich einen anderen, wäre meine Story vielleicht von Orson Welles oder Billy Wilder verfilmt worden. Und nicht von Franz Antel.«

»Antel hätte auch einen Film über mich drehen können«, sagte Mata Hari.

»Warum?«

»Als Nackttänzerin!«

»Richtig. Mein Film war aber kein typischer Antel. Immerhin hat mich Ewald Balser gespielt und Oskar Werner meinen Liebhaber. In einer späteren Verfilmung wurde ich von Klaus Maria Brandauer dargestellt.«

»Gratuliere!«

»Ja, ich hab's in meinem Beruf zu einer gewissen Prominenz gebracht«, sagte Redl. »Mein Honorar von der *Ochrana* wird postlagernd an der Wiener Hauptpost hinterlegt, fünfzigtausend Kronen im Jahr – ein kleines Vermögen. Aber mir bleibt nicht viel davon, denn natürlich erpreßt mich Stefan, mein Liebhaber, ein kleiner Leutnant aus Stockerau.«

»Hoffentlich erwischen sie dich nicht, wenn du eines Tages dein Geld von der Hauptpost holst.«

»Hältst du mich für einen Idioten! Auf wen soll ich als der gefinkeltste Agent zwischen Wien und Petersburg hereinfallen? Ich bin Chef der k. u. k. Spionageabwehr und verkaufe gleichzeitig die österreichischen Aufmarschpläne an Rußland. Nebenbei liefere ich noch die mir zugänglichen Geheimnisse unseres deutschen Bündnispartners an Frankreich.«

»Und ich die französischen Geheimnisse an Deutschland«, bemerkte Mata spitz.

»Was? Ich verkauf' Deutschland an Frankreich und du Frankreich an Deutschland?« überlegte Redl. »Da hebt sich doch alles wieder auf.«

»Wenn das so ist, können wir unser schlechtes Gewissen ad acta legen. Wir haben niemandem genützt und niemandem geschadet!«

Erleichtert gingen die beiden in die Halle und nahmen vor den versammelten Hotelgästen ihr Abendessen ein.

Bilanz eines modernen Regenten

Kurzes Gespräch mit Kaiser Josef II.

JOSEF: na, was gibt's neues in österreich, was hat sich in den letzten zweihundert jahren verändert?
MARKUS *(setzt zu einer tiefen Verbeugung an)*
JOSEF: lassen sie das! ich habe den hofknicks abgeschafft!
MARKUS *(erhebt sich mit Mühe)*: Es gibt unglaublich viel Neues in Österreich, Majestät.
JOSEF: bitte keine titel! also, das neue!
MARKUS: Österreich ist ein moderner Rechtsstaat.
JOSEF: ich war es, der die aus drei instanzen bestehende gerichtsordnung einführte, die für alle bürger ohne unterschied des standes verbindlich ist. ich gründete die staatliche polizei, lockerte die zensurmaßnahmen, förderte gedanken- und geistesfreiheit.
MARKUS: Österreich ist ein Sozialstaat.
JOSEF: ich führte die ersten einrichtungen zur kranken- und altersvorsorge ein. welches ist ihr größtes spital?
MARKUS: Das Allgemeine Krankenhaus in Wien.
JOSEF: hab ich 1784 gegründet. war damals die modernste klinik der welt. ich ließ klöster zu spitälern umbauen, errichtete irrenanstalten und waisenhäuser.
MARKUS: In Österreich gibt es keine Todesstrafe.
JOSEF: die hab ich 1782 abgeschafft, gleichzeitig mit der folter. weiter!

MARKUS: Die Bauern gehören einem freien Berufsstand an.

JOSEF: ich war es, der ihre leibeigenschaft aufhob.

MARKUS: Wir leben im Zeitalter der Emanzipation.

JOSEF: drücken sie sich allgemeinverständlich aus! schließlich führte ich das deutsche anstelle des lateinischen als amtssprache ein. ach ja, zur emanzipation: in meiner regierung wurde die gleichberechtigung von mann und frau in der ehe durchgesetzt und die rechtsstellung unehelich geborener kinder verbessert.

MARKUS: Wir haben ein modernes Schulsystem.

JOSEF: ich setzte die bildungspolitik meiner mutter fort, baute die von ihr eingeführte schulpflicht aus, ließ eltern, die ihre kinder statt zur schule in die arbeit schickten, bestrafen. begabten aus mittellosen familien wurde der zugang zu gymnasien und universitäten erleichtert.

MARKUS: Unser Land zeichnet sich durch das Recht auf freie Religionsausübung aus.
JOSEF: das hab ich 1781 durch das toleranzpatent ermöglicht.
MARKUS: Abends geht man ins Burgtheater.
JOSEF: wurde von mir 1776 gegründet.
MARKUS: Unsere Regierung muß sparen.
JOSEF: das problem kenne ich. daher ließ ich zahlreiche einrichtungen des vielvölkerstaates durch einen modernen, zentralverwalteten einheitsstaat ablösen, wodurch zehntausende beamte eingespart wurden. ich sperrte schönbrunn und einen teil der hofburg zu, entließ die dienerschaft meiner mutter, behielt von der einstigen hofküche nur eine köchin. und ich war der erste kaiser, der sich selbst rasierte.
MARKUS: Alle Bürger können heute, wenn sie der Schuh drückt, beim österreichischen Bundespräsidenten vorsprechen.
JOSEF: das konnten sie bei mir auch schon. ich duldete als erster regent sogar kritik an meiner person.
MARKUS: Also, so weit sind wir noch nicht.

Graugans Martina protestiert

Konrad Lorenz muß den Nobelpreis teilen

Professor Dr. Konrad Lorenz kehrte am 14. Oktober 1973 zurück in seinen kleinen Heimatort Altenberg an der Donau. König Carl Gustav von Schweden hatte ihm soeben in Stockholm den Nobelpreis für Medizin überreicht. Längst bekannt durch seinen Bestseller *Er redete mit dem Vieh, den Vögeln und den Fischen*, wurde der Wissenschafter nun auf seinem Landgut von eben diesen mit großem Jubel empfangen: vom Vieh, von den Vögeln und Fischen, die seit vielen Jahren in einer Art Wohngemeinschaft mit ihm und seiner Familie lebten.

»Jetzt sind wir weltberühmt«, plapperte der Papagei zum Empfang.

»Woher weißt du?« fragte der Verhaltensforscher.

»Wir haben uns die Live-Übertragung im Fernsehen angeschaut. War sehr würdevoll«, erklärte die Dohle.

»Allerdings bist du uns in deinem Trachtenjanker lieber als im Frack«, bemängelte der Halbaffe. Alle umarmten ihren Herrn und brachten ihm zu Ehren ein Ständchen dar. Als der letzte Ton verklungen war, bedankte sich Konrad Lorenz bei jedem seiner Mitbewohner.

»Du mußt aber zugeben«, meinte der Gelbhaubenkakadu,»daß du ohne uns das Zeug gar nicht bekommen hättest.«

»Welches Zeug?« sagte Lorenz. »Du weißt offenbar nicht, daß der Nobelpreis die höchste wissenschaftliche Auszeichnung ist, die weltweit vergeben wird.«

»Also gut, wofür hast du ihn bekommen, den Nobelpreis?«

»Dafür, daß ich in jahrzehntelanger Forschung nachweisen konnte, wie junge Vögel auf gewisse Grundreize reagieren.«

»Das hab' ich schon lange vor dir gewußt – als ich nämlich selbst ein junger Vogel war«, sagte der Rabe, »und ich habe dafür keinen Nobelpreis bekommen.«

»Gibt's Geld dafür?« fragte die Elster.

»Du denkst immer ans Materielle«, beklagte sich der Professor.

»Sag schon«, ließ sich die Elster nicht abwimmeln, »wieviel hast du gekriegt?«

»Ja, also«, gestand Konrad Lorenz, »den Preisträgern wird ein kleiner Anerkennungsbetrag überwiesen …«

»Wieviel?«

»Wieviel? … – Zwei Millionen!«

»Zwei Millionen Schilling«, pfiff Graugans Martina triumphierend durch ihren Schnabel, »die mußt du mit uns teilen! Ohne unsere Mitarbeit hättest du die bedeutsamen Erkenntnisse über unsere gewissen Grundreize nie gewonnen.«

»Der Preis wurde ausschließlich mir zuerkannt«, stellte Konrad Lorenz klar.

Papageien, Dohlen, Affen, Raben und Kakadu gingen, flogen, watschelten – je nach Möglichkeit – laut protestierend ab. Nur die Graugans blieb und setzte sich neben Dr. Lorenz auf die Veranda.

»Ihr wißt genau, daß ich das Geld für meine wissenschaftliche Arbeit brauche«, sagte der Forscher. »In Wahrheit habe ich es längst für euch ausgegeben.«

»Für uns? Zwei Millionen! Das muß du mir einmal vorrechnen«, zeigte sich Martina skeptisch.

»Also, bitte. Erinnere dich nur an die Katastrophe, die unser Kapuzineräffchen Gloria angerichtet hat, als ich eines Abends nichtsahnend nach Hause kam …«

»Welche Katastrophe?«

»Gloria hatte während meiner Abwesenheit die schwere Nachttischlampe quer durchs Schlafzimmer geschleppt, dabei das Glas des Aquariumbeckens zertrümmert und so einen fatalen Kurzschluß ausgelöst. Abgesehen davon, daß das den Fischen gegenüber äußerst unkollegial war, sperrte Gloria daraufhin den Bücherschrank auf, entnahm ihm *Strümpels Lehrbuch der Medizin Band 2 und 4*, zerriß die wertvollen Bücher in tausend Fetzen und entsorgte sie in den traurigen Resten des Aquariums. Geistig wie körperlich war die geleistete Arbeit anerkennenswert. Aber für mich eben sehr teuer!«

»Gut, wir ziehen den Schaden, den Gloria verursacht hat, von den zwei Millionen ab«, zeigte sich Martina, die Graugans, von ihrer größzügigen Seite. »Im Prinzip ändert der kleine Vorfall aber nichts an unseren berechtigten Forderungen. Wir verlangen den uns zustehenden Anteil am Nobelpreis für Medizin, zahlbar innerhalb von 30 Tagen, brutto für netto, auf das von uns errichtete Konto bei der Raiffeisenbank. Schließlich haben auch wir unsere wissenschaftliche Leistung erbracht.«

»Wissenschaftliche Leistung?« Lorenz lachte laut auf. »Denk lieber an den Perserteppich.«

»Welchen Perserteppich?«
»Stell dich nicht so blöd. Den Perserteppich in meinem
Arbeitszimmer, den du gemeinsam mit 23 deiner
Artgenossen so vollgemacht hast, daß uns nichts ande-
res übrigblieb, als das sündteure Stück wegzuwerfen.«
»Du hättest es ja versichern lassen können.«
»Kannst du mir ein Institut nennen, das einen Haushalt
versichert, in dem zweihundert wilde Tiere leben?
Allein der Schaden, der durch den kaputten Teppich
entstand, macht ein Zehntel der Nobelpreis-Summe
aus.«
»Und was ist mit dem Rest?«

»Da war die Ratte, die aus unseren Bettüchern so lange den Stoff herausgebissen hat, bis sie genügend Material hatte, um damit ihr Nest tapezieren zu können. Ganz zu schweigen von dem Kakadu, der uns von der Wäsche, die zum Trocknen im Garten hing, regelmäßig die Knöpfe herunterbiß. Und – weißt du noch, wie du mit Kollegen in unseren gepflegten Beeten herumgetrampelt bist, bis sämtliche Blumen kaputt waren?«

»Konrad, sei nicht so pingelig!« sagte die Graugans.

»Pingelig?« Professor Lorenz drohte die Fassung zu verlieren. »Du hast ja keine Ahnung, wieviel Futter ihr in all den Jahrzehnten verfressen habt.«

»Verfressen – wie du über deine kleinen Lieblinge sprichst!«

»Außerdem muß man die für mich und meine Familie erschwerenden Lebensumstände in Rechnung stellen, die sich durch das Zusammenleben von Mensch und Wildgans ergeben.«

»Wildgans ist ein Dichter«, sagte Martina und schüttelte den an ihrem langen Hals befindlichen Kopf. »Und so jemand kriegt den Nobelpreis.«

»Laß die blöden Witze«, sagte Konrad Lorenz, »du weißt genau, daß ich mein ganzes Leben den Tieren gewidmet habe. Und, daß ich es immer abgelehnt habe, euch in Käfige zu sperren. Denn wer geistig regsame Wesen wirklich kennenlernen und erforschen will, der muß sie in Freiheit beobachten. Nur das seelisch gesunde, von den schädlichen Einwirkungen der Gefangenschaft unbeeinflußte Versuchstier eignet sich für tiefenpsychologisch stichhaltige Untersuchungen.«

»Stimmt«, bestätigte Martina.

»Stimmt«, äffte Lorenz die Graugans nach. »Das sagst du so leicht. Dabei ist es gar nicht ungefährlich, mit euch unter einem Dach zu leben. Einen Raben zum Beispiel kann man mit einem Kind nicht allein lassen. Daher durfte unser ältester Sohn nie frei herumlaufen, weil ihr ja immer wie die Wahnsinnigen durch Haus und Garten, Veranda, Schlaf- und Wohnzimmer tollen mußtet. Was tat meine gute Frau in einer solchen Situation? Sie baute im Garten einen Käfig auf, sperrte aber aus lauter Rücksicht auf eure empfindlichen Seelen nicht euch, die Tiere, darin ein – sondern unseren kleinen Buben.«

Die Graugans lachte. »Jetzt erinnere ich mich wieder. Das war sehr komisch.«

»Komisch? Das Kind hat durch das ewige Eingesperrtsein bleibende Schäden erlitten.«

»Als Verhaltensforscher müßtest du wissen, daß man bleibende Schäden mit Geld nicht wiedergutmachen kann. Also her mit unserem Anteil am Nobelpreis!«

»Was würdet ihr denn mit dem Geld machen, würde ich es tatsächlich mit euch teilen?« fragte der Ausgezeichnete.

»Als erstes unsere Verpflegung umstellen«, sagte die Graugans, erhob sich aus ihrer Steinbank und watschelte in Richtung Eiskasten, dem sie mit sicherem Griff eine Portion feinsten Parmaschinkens entnahm.

»Mußt du mir immer die teuersten Delikatessen wegnehmen?« beklagte sich der Hausherr.

»Du bist knausrig – als Nobelpreisträger kannst du dir das leisten. Die uns von dir vorgeschriebene einseitige Kost ekelt uns an. Wir wollen auch einmal Filetsteak, Kaviar und Vanilleeis mit heißer Schokoladensauce.«

»Kaviar! Weißt du überhaupt, was es kostet, täglich ein Haus voller Viecher durchzufüttern?« fragte Lorenz.

»In Wahrheit habe ich für euch weit mehr ausgegeben, als mir der ganze Nobelpreis gebracht hat.«

»Wenn du glaubst, uns mit einem Butterbrot abspeisen zu können, hast du dich getäuscht.« Martina entleerte mit großem Appetit den Eisschrank, ohne deshalb ihre politische Rede zu unterbrechen. »Ich habe mit den anderen gesprochen, wir denken an die Gründung einer Gewerkschaftsbewegung. Mit je einer Fraktion für Greif- und Singvögel, für Menschen- und Halbaffen, für Hunde, Katzen, Mäuse, Biber, Bienen, Wespen, Fliegen, Rotkehlchen ...«

»Natürlich – die Roten müssen dabeisein, wenn's um Forderungen gegen den Brötchengeber geht! Aber bitte, wir können über alles sprechen.«

»Wieso kannst du überhaupt mit uns sprechen, wann hast du das gelernt?« fragte die Graugans.

»Mir blieb ja gar nichts anderes übrig. Denk einmal an deine Kindheit. Du wolltest nie bei deiner Mutter, sondern immer nur bei mir im Bett schlafen. Zuerst mußte ich genau studieren, was du sagtest, damit ich verstehen konnte, was du wolltest. *Pfühp, pfühp* ... waren deine ersten Worte. Anhand deines verzweifelten Gesichtsausdrucks hatte ich bald heraußen, daß das soviel wie ›Laß mich nicht allein!‹ bedeutet. Das nächste war *Wiwiwiwiwi* – auf gut deutsch: ›Hier bin ich, wo bist du?‹ Bald konnte ich, durch Studium und anschließende Nachahmung deiner Ausdruckslaute, in gebrochenem Graugänsisch antworten: *Gangangang* – ›Ich bin da.‹ Wolltest du deine Ruhe, sagtest du *Wirrr* – ›Ich schlafe schon, gute Nacht!‹ So ergab ein Wort das andere, ehe wir konfliktfrei konversieren konnten. Mit den anderen Tieren auf meinem Hof ging's ähnlich, es war einfach eine Überlebensfrage,

wollte man in einer so großen Familie miteinander auskommen.«

»Über alles kann man mit dir sprechen«, sagte Martina,
»nur wenn's ums Geld geht, versagt die Verständi-
gung.«

»Also gut, du sollst sehen, daß ich auch auf diesem
Gebiet mit mir reden lasse.« Die Graugans hatte ihr Ziel
erreicht, sie streckte Konrad Lorenz zum Zeichen der
Einigung den rechten Flügel hin.

»Du weißt, daß Geld nicht glücklich macht«, sagte der
Professor am Schluß der Verhandlungen.

»Aber es beruhigt.«

»Dumme Gans!«

Aerarisches Essen Ist Oft Ungenießbar

oder Was AEIOU wirklich bedeutet

An Kirchen und Kapellen, Spitälern und an den Portalen herrschaftlicher Häuser – kurz, allüberall in Österreich, findet sich die geheimnisvolle Buchstabenkombination »AEIOU«. Jeder kennt sie, hat irgendwann im Geschichtsunterricht von ihrer Zusammensetzung vernommen, aber welche Bedeutung die fünf Vokale tatsächlich haben, weiß kaum jemand. Oder besser gesagt: Überhaupt niemand. Denn bisher konnte nicht einwandfrei nachgewiesen werden, was Kaiser Friedrich III. mit dem populären Wahl- und Wappenspruch meinte, der sich auf Besitztümern und Gebäuden, die während seiner 53jährigen Herrschaft – von 1440 und 1493 – errichtet wurden, sowie auf Waffen und auf Münzen, die er prägen ließ, befindet. Wir müssen uns also auf Spekulationen einlassen, die im Lauf der Jahrhunderte angestellt wurden. Der Historiker Alphons Lhotsky hat etwa neunzig Deutungen gesammelt, die – sei es von seriösen Forschern, sei es von humorbegabten Menschen – in griechischer, lateinischer und deutscher Sprache niedergeschrieben wurden. Einige davon seien hier wiedergegeben:

Allzu Ernstes Ist Oesterreich Ungemäß.
Allerlei Erdreich Ist Oesterreichs Unglück.
Aller Einigkeit Ist Oesterreichs Unsterblichkeit.
Aller Ehren Ist Oesterreich Voll.
Aller Erst Ist Oesterreich Verdorben.
Allen Eifers ist Oesterreich Voll.
Aller Ernst Ist Ober Uns.
Alte Esel Jubilieren Ohne Unterlaß.
Auch Eselei Ist Offenkundig Unsterblich.
Aerarisches Essen Ist Oft Ungenießbar.
Auf Erden Ist Oesterreich Unsterblich.
Apfelstrudel Erdäpfelsalat Indianer mit Schlag Obstler
*Ungarisches Gulasch.**

Die meistzitierte (und angeblich seriöseste) Auslegung
findet sich in einem erst im 17. Jahrhundert entdeckten
Pergament-Notizbuch Friedrichs, in dem der für seinen
Hang zum Mystischen bekannte spätere Kaiser anno
1438 eigenhändig zweisprachig festhielt:

Austriae Est Imperare Orbi Universo.
Alles Erdreich Ist Oesterreich Unterthan.

Diese Version würde belegen, daß der Habsburger
Österreichs künftige Vormachtstellung vorausgeahnt
hätte. Doch kann auch diese Variante angezweifelt werden, da sich an anderer Stelle weitere Handschriften
mit anderen AEIOU-Auslegungen des Herrschers finden.

---

* Copyright der letzten Zeile: Louise Martini

Womit ich mir erlaube, die nach einem halben Jahrtausend immer noch brennende Frage nach dem Sinn der berühmtesten Buchstabenspielerei des Landes um Version Nr. 91 zu bereichern:

Also Eigentlich Ist's Ohnehin Unwichtig.

Radetzky ist pleite

Herr Pargfrieder besiegt den Kaiser

Mein lieber Pargfrieder«, eröffnet der alte Radetzky das Gespräch, »du mußt mir ein bißl aushelfen.«
»Wenn mir Exzellenz hier auf Schloß Wetzdorf die Ehre eines Besuchs erweisen, kann sich's doch nur darum handeln, daß Exzellenz wieder einmal Geld benötigen.«
»Erraten, lieber Freund«, sagt der Feldmarschall zum reichen Armeelieferanten, »du bist mein bester und einziger Financier, ohne dich wüßt' ich ja wirklich nicht, wie ich mein Leben bestreiten und meine Familie über Wasser halten sollte. Ich bin dir auch zu ewigem Dank verpflichtet.« Johann Joseph Wenzel Graf Radetzky ist zum Zeitpunkt dieses Besuchs, im Frühjahr 1849, trotz seiner 83 Jahre immer noch k. k. Armeeoberkommandant und des Kaisers Generalgouverneur in Lombardo-Venetien.
»Exzellenz sagen ›zu ewigem Dank verpflichtet‹«, entgegnet Josef Gottfried Pargfrieder. »Wie aber könnten Exzellenz mir wirklich danken für die 50 000 Gulden, die ich Exzellenz kreditiert habe ... – Und die ich wohl nie mehr zurückbekommen werde.«
»Naja, sicher, lieber Pargfrieder, zahlen kann ich's net, aber ein bißl was konnte ich in den gut zwanzig Jahren,

seit wir uns kennen, auch für dich tun. Denk doch an die Einkäufe, die ich für unsere Armee bei dir tätigte. Unser Heer hat Uniformstoffe und die Schuh' für seine tapferen Soldaten immer nur bei Pargfrieder erworben. Das dürfte dir doch eine hübsche Stange Geldes gebracht haben. Wenn ich mir das prachtvolle Schloß und das riesige Gut hier so anschau' – das muß sich ja irgendwie finanziert haben.«

»Gewiß, aber das ist lange her«, meint Pargfrieder. »Exzellenz sprechen jedoch von *ewigem* Dank ...«

»Was soll ich denn noch für ihn tun?« wundert sich Radetzky.

»Ich habe einen Plan, Exzellenz. Nur ein paar Meter von hier wird gerade in meinem Auftrag ein gigantischer Heldenfriedhof gebaut, wie es ihn auf der Welt kein zweites Mal gibt. Und darin möchte ich mich nach meinem Ableben begraben lassen.«

»Bewilligt!« Radetzky amüsiert sich über Pargfrieders tüchtige Portion Selbstbewußtsein, und gleichzeitig fällt ihm ein Stein vom Herzen, da es sich um einen offensichtlich leicht zu erfüllenden Wunsch handelt. Denn was sollte es ihm schon ausmachen, daß der reiche Kaufmann in einer Heldengruft begraben sein möchte – auch wenn dieser an keinem einzigen Tag seines Lebens ein Held gewesen ist.

»Exzellenz wissen noch nicht, was die Überraschung meiner Ruhmesstätte sein wird.«

»Also sag's, lieber Pargfrieder.«

»Auf dem *Heldenberg* – so heißt mein Friedhof – werden neben mir die beiden bedeutendsten Feldherren unserer Zeit begraben sein. Feldmarschall von Wimpffen hat schon zugesagt, daß er bereit ist ...«

»So so, der Wimpffen hat zugesagt? Warum tut er das?«

64

»Ich habe mir erlaubt, auch Exzellenz Wimpffen hie und da ein wenig unter die Arme zu greifen.«

»Was, dem Wimpffen hast du auch was geborgt?«

»Stets zu Diensten, Exzellenz, der Herr Baron hat ja auch nie einen Gulden.«

Radetzky schüttelt den Kopf. Pargfrieder aber setzt fort: »Herzstück meines Heldenbergs soll die Gruft des vielleicht größten Feldherrn aller Zeiten sein, des siegreichen Helden unserer kaiserlich-königlichen Armee, die Gruft unseres Feldmarschalls Graf …«

»Um Gottes willen, er wird doch nicht mich meinen?« erschrickt Radetzky.

»Natürlich meine ich Eure Exzellenz.«

»Unmöglich, vollkommen ausgeschlossen!« Der greise Haudegen knallt sein Schwert auf den Tisch. Er richtet seine zierliche Figur auf und vergißt einen Augenblick, daß er den Mann anbrüllt, dem er sein wirtschaftliches Überleben verdankt. »Ich kann mich keinesfalls auf diesem Heldenberg begraben lassen, denn damit würde ich Seine Majestät den Kaiser brüskieren.«

»Warum?« fragt Pargfrieder.

»Eigentlich dürft ich's nicht verraten, aber du hast mir oft genug bewiesen, daß du schweigen kannst.« Radetzky hat sich wieder etwas beruhigt. »Also: Seine Majestät haben mir untertänigst mitgeteilt, daß es allerhöchster Wille sei, meine sterblichen Überreste – wenn's einmal soweit ist – in Anbetracht meiner Verdienste um unsere geliebte Monarchie in der Kapuzinergruft bestatten zu wollen. Damit wäre ich neben der Gräfin Fuchs – das war die Erzieherin der Kaiserin Maria Theresia – der einzige Nicht-Habsburger, dem diese Ehre widerfährt. Du wirst verstehen, Pargfrieder, daß mir der Wunsch des Kaisers Befehl ist.«

»Gut, dann soll Ihnen Seine Majestät auch das Geld geben, das Sie heut' brauchen, Exzellenz.«

»Er wird sich doch nicht ernsthaft mit dem Kaiser um meine Leich' streiten wollen. Das kann sich keiner trauen, auch du nicht, Pargfrieder – bei aller Freundschaft und mit all deinen Millionen ...«

»Ich halt' das schon aus. Widrigenfalls darf ich Exzellenz auch ersuchen, mir die offenen 50 000 Gulden samt Zinsen und Zinseszinsen zu retournieren – und mich auch in Zukunft nie wieder um einen Heller zu behelligen.«

»Wie spricht er denn mit dem ältesten Soldaten unserer kaiserlichen Armee?«

»Ich war Exzellenz immer behilflich, jetzt ist's das erste Mal, daß ich eine Bitte an Exzellenz richte.«

»Pargfrieder, du stürzt mich ins Unglück! Du weißt doch, daß ich mit meinem bescheidenen Offiziersgehalt niemals das Auslangen finden konnte. Bei dem Aufwand, den mein Haushalt verschlingt. Es ist ja kein Zufall, daß es in unserer Armee heißt, jemand habe Schulden wie ein Stabsoffizier.«

»Wer hat Exzellenz angeschafft, auf so großem Fuß zu leben?«

»Die Umstände sind's, mein lieber Pargfrieder, die Umstände. Wer als Offizier des Kaisers Rock trägt, ist verpflichtet, ein standesgemäßes Leben zu führen. Das beginnt schon damit, daß des Kaisers Rock – überhaupt, wenn man eine so unglückliche Figur hat wie ich – maßgeschneidert zu sein hat. Auf eigene Kosten, versteht sich ...«

»Sicher, Exzellenz, aber des Kaisers Rock, und sei er vom feinsten k. k. Hoflieferanten gefertigt, kostet noch keine 50 000 Gulden.«

»Der Rock ist ja noch lang nicht alles. Als ich meine Frau, eine geborene Gräfin Strassoldo-Grafenberg, heiratete, mußte ich ihr ein großzügiges Leben garantieren. Von unseren acht Kindern wurden fünf Buben Offiziere, für deren Ausbildung auch wieder ich aufzukommen hatte. Und wer zahlte Aussteuer und Mitgift unserer drei Töchter? Wieder ich, natürlich ...«

»Oder besser gesagt ich, Exzellenz!«

»Als glühender Verehrer meiner militärischen Leistungen müßtest du eigentlich Verständnis für meine prekäre Situation haben.«

»Gewiß, Exzellenz, ich war ja auch immer behilflich, aber ...«

»... aber jetzt bestehst du drauf, daß ich mich neben dir begraben lass'.«

»So ist es. Gerade weil ich Exzellenz so verehre. Ich denke an die Völkerschlacht bei Leipzig, wo Exzellenz keinen Geringeren als Napoleon besiegten. Na, und die glänzend gewonnene Schlacht bei Custozza! Und vor ein paar Wochen erst der Sieg bei Novara. Exzellenz haben aber nicht nur Militärgeschichte geschrieben, Exzellenz sind auch ein wichtiges Stück unserer Kulturgeschichte.«

»Kulturgeschichte bin ich?« wundert sich Radetzky.

»Natürlich. Immerhin sagte Grillparzer über Eure Exzellenz ...«

»Wer hat was g'sagt?«

»... na, dieser Beamte im Hofkammerarchiv, der nebenbei auch ein bisserl dichtet.«

»Ah ja, weiß schon, was hat der über mich gesagt?«

»*Glück auf, mein Feldherr, führe den Streich ... In deinem Lager ist Österreich!*«

»Das hat der Grillparzer über mich gesagt?«

»Ja. Und der alte Johann Strauß hat das militärische Genie Eurer Exzellenz sogar musikalisch festgehalten – im Radetzkymarsch.«

»Geht mir auch schrecklich auf die Nerven. Überall wo ich hinkomm' dieses Da-da-da-da-da-da ...«

»Exzellenz wären mein Wunschnachbar in der großen Gedenkstätte am Heldenberg. Und auch Exzellenz müßten sich nicht genieren – bei meiner Herkunft ...«

»Ach, jetzt willst du mir wieder einmal die G'schicht erzählen, daß du ein unehelicher Sohn vom Kaiser Josef bist, was du ja schon oft behauptet hast, aber nie beweisen konntest ...«

»Meine Behauptung wurde von der kaiserlichen Familie nie dementiert.«

»Naja, wie auch immer, mein lieber Pargfrieder, du willst nicht mehr und nicht weniger, als daß ich dir alles, was an mir sterblich ist, für 50 000 Gulden verkaufe! Und wie ich die Sache seh', hab' ich auch gar keine andere Chance.«

»Es sieht so aus, Exzellenz!«

»Sollte es wirklich dazu kommen, dann hat der Herr Pargfrieder doch glatt Seine Majestät, den Kaiser, besiegt«, sagt Radetzky, und er kann sich eines gewissen Lächelns nicht erwehren. »Aber nur, wenn's wirklich soweit kommen sollte.«

Es sollte soweit kommen. Radetzky hielt in seinem Testament 1855 ausdrücklich fest, daß er am »Heldenberg bei Stockerau beigesetzt zu werden wünsche«. Als er am 5. Jänner 1858 im Alter von 92 Jahren starb, hatte Feldmarschall Wimpffen eben dort bereits seine letzte Ruhe gefunden. Kaiser Franz Joseph nahm Radetzkys Letzten Willen mit Befremden zur Kenntnis, war aber dennoch bei dessen Beerdigung in Kleinwetzdorf bei Stockerau persönlich anwesend.

Herr Pargfrieder, seines Zeichens Armeelieferant für Schuhe und andere Gebrauchsartikel, war aus dieser »Schlacht« gegen den Kaiser siegreich hervorgegangen. Er selbst wurde am 1. Februar 1863 zwischen den Feldmarschällen Wimpffen und Radetzky beigesetzt.

Im Volksmund aber kursierte fortan der Reim:
Hier liegen drei Helden in ewiger Ruh,
Zwei lieferten Schlachten, der dritte die Schuh.

Walzerkönig trifft Opernführer

Johann Strauß lädt Marcel Prawy
auf eine Tasse Kaffee ein

Am 15. Oktober 1844 feierte der 19jährige Johann Strauß Sohn im *Dommayer* in Wien-Hietzing sein Debüt als Dirigent. Das Konzertcafé – inzwischen um ein paar Straßen übersiedelt – zählt immer noch zu den musikalischen Wahrzeichen dieser Stadt, und man trifft hier, was in Wien Rang und Namen hat ...

DIE PERSONEN:
Johann Strauß, Walzerkönig
Marcel Prawy, sein Biograph

»Erlauben Sie, Meister Strauß, daß ich mich für einen Augenblick zu Ihnen setze?« Marcel Prawy, sonst eher in der Oper zu Hause, liebt bekanntlich auch die leichte Muse.

Der von ihm angesprochene Herr mit tiefschwarz(gefärbtem) Haar hat es zeitlebens genossen, von seinen Fans bewundert zu werden. Also lud er Dr. Prawy ein, neben sich an dem runden Marmortisch, rechts vom Eingang des *Dommayer*, Platz zu nehmen.

»Sie kennen meine Musik?« fragte Strauß.

»Ob ich sie kenne? Ich bin mit ihr aufgewachsen. Mein Name ist Prawy – vielleicht erinnern Sie sich an meinen

Großvater, in dessen Haus in der Hegelgasse Sie ver-
kehrten.«
»Was, der Dr. Marcell Prawy von Frydmann war Ihr
Großvater? Mein Gott, wie viele Stunden verbrachten
wir in seinem eleganten Salon. Auch den Kollegen
Brahms hab' ich dort oft getroffen. Der alte Prawy war,
lassen Sie mich nachdenken ...«
»... er war der Chefredakteur des *Fremdenblattes*«, half
Prawy dem Gedächtnis des Walzerkönigs auf die
Sprünge, »Sie wissen, das war das Leibblatt des Kaisers.«
»Natürlich«, sagte Strauß und zwirbelte seinen impo-
santen Backenbart. »Da sind Sie ja in einer musikbegei-
sterten Familie aufgewachsen, Herr Prawy. Welcher
war denn Ihr liebster Strauß-Walzer?«
»Der aus dem *Rosenkavalier*!« Verschämt blickte
Prawy zu Boden.
»*Rosenkavalier*? Was ist das?« Johann Strauß sah sein
Vis-à-vis verständnislos an, während Prawy beim
Kellner Kaffee und Kipferl bestellte.
»Der *Rosenkavalier* ist eine Oper, die Sie nicht kennen
können, sie wurde 1911 – in meinem Geburtsjahr, aber
zwölf Jahre nach Ihrem Ableben, Meister Strauß – in
Dresden uraufgeführt. Komponiert von einem anderen
Strauss – er hieß Richard und war das Idol meiner
Jugendtage.«
»Noch ein Strauß? Als ob die Musikwelt mit mir, mei-
nem Vater und meinen beiden Brüdern nicht schon
über genügend Komponisten dieses Namens verfügt
hätte. Es gab also auch einen Richard?«
»Nicht genug damit«, kam Prawy jetzt erst in Fahrt,
»neben Johann Vater und Sohn, Josef und Eduard sowie besagtem Richard gab's noch einen Oscar. Dieser
Oscar Straus war der Schöpfer des *Walzertraums*.«

»Sind die beiden Herren mit uns verwandt?«

»Nicht im geringsten«, beruhigte Prawy gestenreich, aber die vielen Sträuße haben – besonders in Amerika – immer wieder zu Verwechslungen und Verwicklungen geführt. Unter anderem deshalb, weil sowohl Richard als auch Oscar einerseits selbst Walzer komponierten, andererseits aber auch mit Begeisterung die Johann-Strauß-Walzer dirigierten.«

Der Kellner brachte Kaffee und Kipferl, wie gewünscht.

»Was kann ich sonst noch für Sie tun, Herr Prawy?« fragte der Walzerkönig.

»Als erstes möchte ich Sie nach den Erinnerungen an Ihre sicherlich hochinteressante Kindheit fragen – wenn ich schon die einmalige Gelegenheit habe, Sie persönlich sprechen zu dürfen.«

»Ich hab' keine besonders guten Erinnerungen. Als ich zehn Jahre alt war, hat uns mein Vater verlassen, um fortan mit dieser Modistin zusammenzuleben, wie hat sie nur geheißen ...?«

»... Emilie Trampusch«, wußte Prawy wie aus der Pistole geschossen.

»Sie kennen sich aber gut aus in meiner Biographie.«

»Ich habe einmal ein Buch über Sie geschrieben.«

»Das muß ich mir besorgen. – Jedenfalls ist mein Vater damals von Zuhaus' ausgezogen und hat sich nur noch wenig um uns Kinder gekümmert. Das einzige, was er mir und meinen Brüdern mit auf den Weg gab, war der Satz: ›Alles könnt's werden, nur eins nicht – Musikanten!‹«

»Er hat Ihnen aber doch noch etwas mitgegeben: das musikalische Genie – und ...«

»... was denn noch?«

»Die Liebe zu den Frauen. Sie waren ja ein begnadeter

Schwerenöter, Meister Strauß. Diesbezüglich verblaßt neben Ihnen selbst der Herr von Eisenstein aus Ihrer *Fledermaus*. Der 27. August 1862, an dem Sie Ihre erste Frau Henriette ›Jetty‹ Treffz heirateten, wurde als ›schwarzer Tag im Kalender der Damen Wiens‹ bezeichnet.«

»Schöne Frauen haben mich zeitlebens inspiriert, sich als meine Musen glänzend bewährt. Schon die Jetty hat es verstanden, Verborgenes aus meinem Talent hervorzuholen. Ich hab', als ich jung war, auf bis zu sechs Bällen pro Abend dirigiert, bis Jetty mich überredete, die Kapelle meinen Brüdern zu überlassen, um mich ganz aufs Komponieren konzentrieren zu können.«

»Mit überwältigendem Erfolg«, bemerkte Prawy, »in dieser Ehe entstanden ja Ihre populärsten Werke – *Donauwalzer* und *Fledermaus*.«

»Wenn ich daran denk', wie mir die Jetty die Notenblätter vom Pult gestohlen und sie dem Direktor des Theaters an der Wien übergeben hat, genier' ich mich heute noch.«

»Sie mußte es tun, weil Sie selbst es sich nicht zugetraut haben, eine Operette zu komponieren.«

»Mit meiner Ehefrau Nummer zwei hatte ich weniger Glück …«

»Das war Lily. Sie haben sie nur sechs Wochen nach Jettys Tod geheiratet …«

»… weil ich nicht allein sein konnte. Lily ist gleich nach den Flitterwochen mit dem Direktor des Theaters an der Wien durchgebrannt. Jetzt war ich auch beruflich am Ende. Während Suppé und Millöcker einen Erfolg nach dem anderen feierten, wurde meine *Nacht in Venedig* in Berlin ausgebuht.«

»Doch dann kam Adele«, ergänzte der Biograph.

»Ja, sie verhalf mir zu neuen Höhenflügen ...«

»Immerhin verdanken wir dieser Ehe den *Zigeuner-baron*«, betonte Prawy. »Ich selbst habe Ihre Witwe Adele in meiner Jugend noch des öfteren auf der Straße gesehen, man konnte sie damals auch regelmäßig auf ihrem Stammplatz im Theater an der Wien, dritte Loge, Parterre links, beobachten. Nach den Vorstellungen Ihrer Operetten kritisierte sie oft die Dirigenten: ›Mein Schani hat das Finale viel langsamer genommen.‹ – Womit sie übrigens meist recht hatte.«

»Das schaut der Adele ähnlich«, lachte Strauß, »sie hat sich ja in alles dreingemischt.«

»Um sie heiraten zu können, mußten Sie zum protestantischen Glauben konvertieren und die österreichische Staatsbürgerschaft ablegen. Es passierte das einzigartige Kuriosum, daß ausgerechnet Sie als der wienerischste Komponist aller Zeiten Staatsbürger des Herzogtums Sachsen-Coburg-Gotha wurden.«

»Was hätt' ich denn tun sollen, nach dem in Österreich geltenden katholischen Eherecht wäre eine Wiederverheiratung nach der Scheidung von Lily nicht möglich gewesen. Abgesehen davon hat man mich hier mein Leben lang nicht so behandelt, wie ich's mir gewünscht hätte ...«

»... weil Sie sich 1848 gegen das Haus Habsburg gestellt hatten.«

»Mein Gott, ich hab' einen *Revolutionsmarsch* komponiert und damit meine Sympathie für die Aufständischen gezeigt. Da hat's mir dann auch nichts mehr genützt, daß ich dem Kaiserhaus eine Melodie nach der anderen gewidmet habe: *Kaiser Franz Joseph-Marsch*, *Elisabethklänge*, den Marsch *Habsburg hoch!*, den *Kaiserwalzer* ...«

»Halt, Meister Strauß«, unterbrach Prawy, »den *Kaiserwalzer* haben Sie für Wilhelm II. geschrieben!«
»Stimmt, das hatte ich im Moment vergessen. Sie wissen ja wirklich alles, Herr Prawy. Egal, ich hab' auch so genug für das Haus Habsburg getan. Wenn ich bedenke, wer zu meiner Zeit aller geadelt wurde – aber einen ›Herrn von Strauß‹ wollte der Kaiser nicht zulassen, nur weil er mir das '48erjahr nie verziehen hat.«
»Künstlerisch haben Sie alles erreicht, was man in Wien erreichen kann. Sie haben sogar erlebt, daß die *Fledermaus* an der Hofoper aufgeführt wurde.«
»Nicht erlebt habe ich aber, daß die Wiener Philharmoniker auch nur eine einzige meiner Melodien gespielt hätten. Und das hat mich sehr gekränkt. Daran wird sich ja bis zum heutigen Tag nichts geändert haben.«
»O doch, Meister Strauß, ganz im Gegenteil, Ihre Walzer, Quadrillen, Märsche, Galopps und Polkas stehen im Mittelpunkt der größten Musikveranstaltung der Welt: dem Neujahrskonzert der Wiener Philharmoniker, das alljährlich von Millionen Menschen auf allen Kontinenten mitverfolgt wird. Und sie spielen alles, was gut und teuer ist, *Frühlingsstimmenwalzer* und *Perpetuum mobile*, *G'schichten aus dem Wienerwald* und *Wiener Blut*, *Rosen aus dem Süden* und – als Höhepunkt – natürlich *An der schönen blauen Donau*, die heimliche Hymne der Österreicher.«
»Das ist eigenartig«, wunderte sich Strauß. »Zu meinen Lebzeiten haben mich die Philharmoniker als Unterhaltungskomponisten abgelehnt, dessen Werke aufzuführen unter ihrer Würde war. Damals zählten nur die Klassiker.«
»Um in Österreich ein Klassiker zu werden, muß man vor allem tot sein.«

»Was mir ja gelungen wäre.«

»Neben den drei Ehefrauen sind uns aus Ihrer Biographie auch zahllose Abenteuer bekannt, Meister Strauß.«

»Nicht so laut«, zeigte sich der Walzerkönig auf seinen guten Ruf bedacht, sah sich im Lokal um und flüsterte Prawy zu: »Woher wissen Sie das?«

»Sie waren so unvorsichtig, einige Ihrer Werke den gerade aktuellen Damen zu widmen.«

»Ausgeschlossen!«

»Mir können Sie doch nichts vormachen. Einmal abgesehen vom *Adelen-Walzer*, hinterließen Sie uns auch eine *Annika-Quadrille*, die *Josefinen-Tänze*, den *Fanny-Marsch*, den *Irenen-Walzer* sowie die *Olga-*, *Cäcilien-*,

Elisen-, *Helenen-* und *Ella-Polka*. Und bei jeder einzelnen Note dachten Sie an ein süßes Mädel eben dieses Namens.«

»Sonst haben Sie nichts über mich herausgefunden?« gab Strauß sich beleidigt.

»Aber ja, Meister, es besteht kein Zweifel, daß Sie das größte Genie der leichten Muse waren. Allerdings ...«

»Allerdings?«

»Ich wage es kaum auszusprechen, daß auch Ihr Werk seine Schwächen hat ...«

»Schwächen? Heraus mit der Sprache, Herr Prawy!«

»Also, Sie hatten ja einen untrüglichen Instinkt, die schlechtesten Textbücher der Musikgeschichte zu vertonen. Unter Ihren sechzehn Operetten gab's nur zwei wirklich gute Libretti – und das waren auch die größten Erfolge, *Fledermaus* und *Zigeunerbaron*. Ihr schwerster Fehler: Sie waren der erste, dem die Librettisten Zell und Genée den Stoff des *Bettelstudenten* angeboten haben, aber Sie lehnten ab. Millöcker hat die Story erkannt und ein Jahrhundertwerk daraus gemacht. All die anderen Handlungen, die Ihnen von Textdichtern angedreht wurden, waren schauderhaft. Wenn ich etwa an *Prinz Methusalem* denke oder an *Blindekuh*, *Ritter Pasman*, *Die Göttin der Vernunft* oder an *Fürstin Ninetta*.«

»*Fürstin Ninetta*? An die Operette kann ich mich gar nicht mehr erinnern«, sagte der Walzerkönig.

»Uraufgeführt am 10. Januar 1893«, sprudelte es aus Marcel Prawy heraus, »im Theater an der Wien, Ilka Palmay in der Titelrolle, Alexander Girardi trug zum erstenmal seinen später populär gewordenen Girardihut. Nur eine Melodie überlebte: die sogenannte *Zweite Pizzicato-Polka*.«

»Sie wissen ja mehr von mir als ich.«

»Ich habe mein Leben damit verbracht, mich mit dem Werk der Großen der Musikwelt zu befassen. In Ihrem Fall habe ich zwar relativ spät damit begonnen, dann aber alles nachgeholt.«

»Wie schön«, zeigte sich Strauß beeindruckt, ehe er dem vorbeieilenden Ober »Zahlen!« zurief. »Wir haben ein gutes Gespräch geführt, Herr Prawy, darf ich Sie einladen?«

»Das werden Sie sich nicht leisten können«, entgegnete der *Opernführer*.

»Wetten, daß ich mir das leisten kann?« sagte der Walzerkönig. »Einer meiner Walzer hieß *Seid umschlungen Millionen* – und Millionen hab' ich mit meinen Melodien auch verdient. Also, wie kommen Sie darauf, zu glauben, daß ich für Ihr Kipferl und Ihren Kaffee nicht aufkommen könnte?«

»Weil Tantiemen nach geltendem Urheberrecht nur siebzig Jahre nach dem Tod eines Komponisten ausbezahlt werden. Ihre Walzer und Operetten können noch so oft gespielt werden – Sie bekommen keinen einzigen Groschen dafür.«

Vergeblich kramte Johann Strauß in seiner Brieftasche.

»Na gut«, resignierte er, »Sie haben die Wette gewonnen, lieber Herr Prawy – Sie dürfen zahlen!«

Dr. Prawy hatte es wieder einmal besser gewußt.

»Um meine Hand haben genügend Prinzen angehalten!«

Ehekrach bei Maria Theresia

Sechzehn Kinder gebären, füttern und erziehen, den Staat lenken und Kriege führen, Reformen einleiten und den lebenslustigen Ehemann beaufsichtigen, vierzig Jahre lang ein riesiges Reich und einen auch nicht ganz kleinen Privathaushalt regieren. Wie kann eine einzelne Frau all das schaffen? So vielleicht:

Maria Theresia stürmte durch Schönbrunn. »Franzl«, rief sie so laut, daß ihre Stimme über Gänge und Flure dröhnte, und dann etwas leiser: »Wo ist denn der Kerl schon wieder?« Als sie, aus dem Spiegelsaal kommend, am Fuße der Blauen Stiege einer Kammerzofe begegnete, fragte sie diese, ob sie nicht irgendwo den Kaiser gesehen hätte.

»Leider nein, Majestät«, bedauerte die Zofe, »vielleicht sind Seine Majestät drüben im Südflügel.«

»Im Südflügel? Das ist ja ein Fußweg von einer Viertelstund'. Ein Jammer, in so einem Riesenpalast zu wohnen«, sagte die Monarchin, halb zur Zofe, halb zu sich selbst. »Die ganze Welt beneidet einen um so ein Schloß, aber wenn man was sucht, und sei's den eigenen Mann, findet man's nicht!« Schnellen Schritts lief sie weiter, nun in Richtung Meidlinger Tor.

Großes Rosa Zimmer, Kleine Galerie, Ovales Chinesisches Kabinett, Rösselzimmer, Zeremoniensaal, Blauer Salon, Porzellanzimmer, Gobelinsalon ... es war eine Flucht von vierzehn Zimmern, die Maria Theresia zu durchqueren hatte, ehe sie endlich den soeben eingetroffenen Franz Stephan aufstöberte, der sich im Ankleideraum des Kaisers seines Mantels entledigte. Erschöpft ließ Maria Theresia ihre gewichtige Figur in einen Fauteuil fallen, um ihren Mann zu fragen: »Wo warst' denn schon wieder?«

Der Kaiser zupfte nervös an seiner Uniformjacke. »Ich, äh, ich hab' in der ... in der Stadt zu tun gehabt. Staatsgeschäfte!«

»Die kenn' ma schon. Wie heißt denn die ›Frau Gesandte‹ diesmal? Mariann', Kathrin' oder Josefin'? Wenn du so weitermachst, schick ich dir noch meine Keuschheitskommission an den Hals!«

»Geh, Reserl, du immer mit deiner Eifersucht.«

»In den zahllosen Biographien, die einmal über mich geschrieben werden«, prophezeite Maria Theresia, »wird sicher von deinen noch zahlloseren Abenteuern die Rede sein.«

»Kannst du mir sagen, wann ich dich hätt' betrügen sollen?« fragte Franz Stephan. »Sechzehn Kinder haben wir in die Welt gesetzt, ich bin doch kein Don Giovanni.«

»Zitier keine Opern, die noch gar nicht komponiert sind. Der kleine Amadé hat erst im vorigen Jahr das Licht der Welt erblickt.« Mit einem Satz erhob sich Maria Theresia aus dem Lehnstuhl. »Franz, ich muß mit dir reden! Alle Sorgen des Staates und der Familie lasten auf meinen Schultern. Der kleine Leopold und die Marie Karoline haben Feuchtblattern und heulen den ganzen Tag, weil die Mama natürlich an ihrem Bett sitzen sollt', zwischendurch muß ich mich mit meinem preußischen Erzfeind herumschlagen, diesem Friedrich! Kaum hatten wir den blöden Erbfolgekrieg beendet, ging's wieder los. Jetzt kämpfen wir schon wieder seit einem Jahr. Sechs weitere Kriegsjahre haben wir noch vor uns ...«

»... Woher weißt du das so genau?«

»... weil er als Siebenjähriger Krieg in die Geschichte eingehen wird! Um alles muß ich mich selber kümmern, Heeres-, Justiz-, Beamten-, Schul- und Universitätsreform, und was macht mein feiner Herr Gemahl derweil? Er flattert herum und will von den Staatsgeschäften rein gar nichts wissen. Wozu hab' ich dich gleich nach Papas Tod zum Mitregenten ernannt?«

»Weil du damals, mit deinen süßen 23 Jahren, keine Ahnung vom Regieren hattest, mein Schatz. Außerdem hast du dabei nicht einen Zipfel deiner Macht an mich abgegeben. Und du vergißt auch, daß ich dich immer sehr brav vertreten habe, wenn du gerade entbunden hattest. Was bekanntlich recht oft der Fall war ...«

»... und woran du ja auch nicht ganz unschuldig gewesen bist. Ich frag' dich, was das für eine Ehe ist, in der man sich kaum noch sieht, besonders seit Schönbrunn vergrößert wurde. Jeder hat seinen Trakt, und ich weiß nie, wo du g'rade steckst.«

»Ich habe das Schloß in der früheren kleinen Version vom Architekten Fischer von Erlach auch viel gemütlicher gefunden«, entgegnete Franz Stephan, »aber du wolltest es ja unbedingt vom Herrn Pacassi umbauen lassen.«

»Dir hat das kleine Schloß genügt, natürlich!« erregte sich Maria Theresia. »Das schaut dir ähnlich, du kennst ja nix wie dein Vergnügen: Park, Tiergarten, technisches Spielzeug und vor allem – die Weiberg'schichten. Aber das Repräsentieren gehört halt auch zu unserem G'schäft. Das war auch der Grund, warum ich Schönbrunn großzügig hab' ausbauen lassen ...«

»... und weil wir im alten Schloß zu wenig Kinderzimmer hatten.«

»Red keinen Unsinn!« Maria Theresia erschrak, als sie in einem großen Wandspiegel ihrer als Folge der hastigen Schloßdurchquerung derangierten Frisur ansichtig wurde. »Es war höchste Zeit, daß wir eine prunkvolle Sommerresidenz bekommen haben, die die Würde und die Bedeutung des Hauses Habsburg zum Ausdruck bringt. Schließlich und endlich sind wir Kaiser!«

»Also, *wir* is' übertrieben. *Ich* bin Kaiser!« stellte Franz Stephan unmißverständlich klar. »Außerdem darf ich dich daran erinnern, daß das Haus Habsburg, seit du mit mir verheiratet bist, Habsburg-Lothringen heißt.«

»Pudel dich nicht auf!« Maria Theresias Stimme wurde mit jedem Wort lauter. »Du weißt genau, daß du ohne mich gar nix wärst. Ein kleiner Herzog von einem Flecken auf der Landkarte! Und im übrigen gehört dir dein schönes Lothringen gar nicht mehr.«

»Aber nur, weil's dein Vater gegen meinen Willen für die Toskana eingetauscht hat! Dieser miese Schachzug war die Voraussetzung dafür, daß ich dich heiraten durfte.«

»Hätt'st ja nein sagen können!« zischte Maria Theresia süffisant, während sie ihr etwas zu bieder gelocktes Haar in Ordnung brachte. »Um meine Hand haben genügend Prinzen angehalten. Bei Gott aus mächtigeren Häusern!«

»Aber mein Geld hast du sehr wohl genommen«, erinnerte Franz Stephan seine Frau daran, »daß ich dir 1744 eine Million Gulden zur Kriegsführung übergeben habe ...«

»... gegen entsprechendes Pfand in Böhmen.«

»No, hätt' ich dir's vielleicht schenken sollen?«

»Geschäftstüchtig warst du immer schon, das muß man dir lassen.«

»Es ist doch nur für die Kinder!« konnte der Kaiser gerade noch sagen, als sich just aufs Stichwort die Tür öffnete und die Privatgemächer von einem Rudel acht bis zehn brüllender Buben und Mädchen eingenommen wurden. Einige der kleinen Erzherzöge spielten blinde Kuh, einer hatte sich im Kammergarten am Knie verletzt, blutete und weinte jetzt, andere waren einfach aus Neugierde mitgekommen, und einer schrie laut: »Mama, der Josef hat g'sagt, ich darf kein Kaiser werden!«

»Red mit dem Papa drüber«, stöhnte die als Mutter der Nation wie der Familie in diesem Moment gleichermaßen überforderte Maria Theresia, doch ihr Gemahl bedauerte, keine Zeit zu haben, da er sich auf ein Geschäftsessen vorbereiten müsse. Noch größeres Gebrüll aus den Kehlen der Kinderschar war die Folge.

Mitten in den Wirbel hinein erschien ein Kammerdiener, verbeugte sich tief und meldete: »Seine Exzellenz, der Herr Staatskanzler, ersuchen bei Ihrer Majestät vorsprechen zu dürfen!«

»Jössas, den Kaunitz hab' ich total vergessen«, ärgerte sich Maria Theresia, »ich hab' ihn für vier bestellt, der Arme wart' jetzt schon seit einer Stund'. Dabei muß ich dem kleinen Maxl schnell noch die Windeln wechseln, die Marie Antoinette füttern und die Hausaufgaben

vom Josef kontrollieren. Wenn sich der Bub weiterhin
weder für Geschichte noch für Geographie interessiert,
wird er nie erfahren, welches Land er einmal regieren
muß. Sagen Sie dem Fürsten Kaunitz, er möge noch
einen Moment Geduld haben, ich komm' dann gleich
'rüber ins Chinesische Rundkabinett.«

»Ja, der Fürst Kaunitz«, ätzte Franz Stephan, als der
Kammerdiener gegangen war, »dein besonderer Freund.
Dem du blind vertraust. Auch, als er dir zu der Allianz
mit Frankreich riet ...«

»... womit er ja wieder einmal recht behalten hat. Das
war doch der beste Schutz gegen die Preußen!«

»Naja, also meine Freund' sind's nicht, die Franzosen!
Und den Kaunitz muß ich auch nicht haben. Im übrigen find' ich ihn gar nicht so fesch!«

»Geh, Franzl, du wirst doch net eifersüchtig sein.«

»Ich? Nicht die Spur!« Der Kaiser lachte, nahm seine
Frau fest in die Arme, küßte sie auf beide Wangen, auf
den Mund, und dann sagte er: »Das Schönste ist halt
immer noch unsere Versöhnung.«

»Hör auf!« lachte nun auch Maria Theresia und versuchte sich aus der Umklammerung ihres Mannes zu
lösen. »Erstens muß ich mich jetzt um die Kinder kümmern, zweitens wartet der Kaunitz. Und drittens wird in
meinen Biographien stehen, daß wir sechzehn Kinder
hatten. Und nicht siebzehn!«

Casanova und die Keuschheitskommission

Der Frauenheld am Telefon

Ich war gerade dabei, das vorangegangene Kapitel zu redigieren, als das Telefon läutete. »Hier Casanova«, meldete sich eine mir bislang unbekannte Stimme. Da ich für solche Scherze – insbesondere in Streß-Situationen – wenig Verständnis habe, legte ich sofort auf. Es klingelte noch einmal. »Bleiben Sie am Apparat – per favore signore«, flehte der Mann am anderen Ende der Leitung, »ich bin Giacomo Casanova. Es ist molto difficile, von hier aus durchzukommen.« »Was heißt von hier aus?« fragte ich. »Wo sind Sie? Im Paradies?« »Peccato, no«, antwortete Casanova, »leider, bei meine Lebenswandel war impossibile. Zwar wäre ich, was die Gebote 1 bis 5 und 7 bis 10 betrifft, aufgenommen worden – senza problema. Aber dann es ist gescheitert an die strenge Bestimmung von die sechste.« »Das tut mir aufrichtig leid«, bedauerte ich und begann unweigerlich darüber nachzudenken, ob es mein Lebenswandel zu gegebenem Zeitpunkt zulassen würde, diese Hürde nehmen zu können.
Aber lassen wir das, es gehört nicht zur Sache.

»Ihnen wird ja ein sagenhaftes Liebesleben angedichtet«, sagte ich.

»Was heißt angedichtet!« Der heißblütige Venezianer war sofort beleidigt. »Jede Wort, das man sagt über mich, ist wahr, è vero. Unter uns, es war noch schlimmer. Allein in meine Heimat, in bella Italia, io …«

»Verzeihen Sie, Herr Casanova«, versuchte ich die sich androhende Gesprächsdauer in Grenzen zu halten, »ich schreibe gerade an einem Buch, meine Zeit ist knapp. Vielleicht könnten wir ein andermal telefonieren.«

»Ihre Buch ist ja die Grund für meine Anruf«, beharrte der Schwerenöter. »Ich möchte, daß Sie mir darin ein Kapitel widmen, un capitolo per favore.«

»Mein Herr«, wurde ich etwas schärfer im Ton, weil ich Interventionen dieser Art prinzipiell nicht leiden kann, »das Buch handelt von der tausendjährigen Geschichte Österreichs. Zu der haben Sie doch herzlich wenig beigetragen.«

»Genau diese Irrtum ich wollte richtigstellen«, sagte Casanova. »Ich war mehrmals in Austria. Und wenn Sie studieren meine Memoiren preciso, Sie werden finden die eine oder andere episoda, die zeigt, wie sehr mich die Wiener Frauen betörten – le belle donne di Vienna. – E vice versa, ich sie auch.«

Die Sache begann mich zu interessieren. »Was war denn das Besondere an den Österreicherinnen?«

»Da ich muß ein wenig ausholen«, antwortete Casanova. »Ich war 27 – ventisette anni –, als ich besuchte Ihr schönes Land erste Mal. Naturalmente ich war nicht unerfahren in die Künste der Liebe, aber una baronessa di Vienna, sie hatte noch mehr Praxis. Selbst ich konnte bei dieser betörenden Liebhaberin sehr viel lernen.«

»Die Signora war die einzige, die Sie hierzulande beglückten?«

»Gott bewahre«, stellte Casanova klar. »Sie vergessen, mit wem Sie es haben zu tun. Genau das war die springende Punkt. Denn, stellen Sie sich vor, man schrieb das Jahr 1752!«

»Na, und?«

»Na, und!« spottete der prominente Frauenheld. »Es war die Jahr, in dem la imperatrice Maria Theresia gründete una commissione di casto – wie sagen Sie? – die berüchtigte Keuschheitskommission. Stellen Sie sich vor: Casanova, der größte Verführer aller Zeiten, kam nach Austria just, als die Kaiserin beschloß, Verstöße gegen Sitte und Moral zu ahnden mit drakonische Strafen.«

»Das ist ja wirklich ein starkes Ding«, mußte ich dem Anrufer recht geben. »Erzählen Sie weiter.«

»Besagte commissione war für einen Mann mit meine Lebensweise una catastrofe. Ich hatte da und dort meine Gespielinnen – auch in weniger angesehenen Häusern als von die liebestolle Baronin. Aber wo ich hinkam – sempre diese commissarii, die einem machten Leben zu Hölle, egal ob in eine albergo in Prater, in Wienerwald oder Innere Stadt.«

»Können Sie mir einen konkreten Fall schildern?«

»Einen? Dutzende! Kaum stand eine Dame im Verdacht zu leben in gewisse Freizügigkeit, schon sie wurde angezeigt von die Nachbarn und ausgeliefert an die Messer von Hofkommission. Spitzel wurden ausgeschickt, zu verfolgen die signorine bis in die intimste Bereiche. Die Tatsache, daß eine Mädchen verdiente moneta in orrizontale, war genug, um es zu werfen in die Kerker. Für mich als zufälliger Bettgenosse es war oft nicht sehr angenehm, Zeuge zu sein von solche Festnahme.«

»Das kann ich mir vorstellen«, sagte ich. »Sie haben also keine guten Erinnerungen an Österreich?«

»O, sì sì! Verdanke ich doch gerade Ihre Kaiserin Maria Theresia eine besonders lustvolle Affäre: In Milano ich trieb es mit Lucia, eine reizende Schauspielerin, un' attrice di teatro di Vienna. Sie mußte verlassen ihre Heimatstadt auf die Flucht vor die Keuschheitskommission. Ohne die Sittenwächter wir uns nie hätten getroffen. Es war meine ganze Stolz, daß der Marquis de Cavamacchie für ihre Liebesdienste hatte bezahlt hunderttausend Scudi, während sie von mir verlangte keine einzige Zechine. Meine Verführungs- und sonstige Künste zählten mehr als Gold und Geld.«

»Sie haben nie dafür bezahlt, wenn Frauen sich Ihnen hingaben?«

»O doch, oft sogar. Auch in Wien, wohin ich kehrte zurück in die anno 1766. Diesmal ich mietete un appartamento, um zu entgehen peinliche Polizeimaßnahme wie bei die erste Mal. Da kam eine prostituta, die mir machte sonderbare Angebote. Ich kam mit ihr zur Sache und gab ihr due ducati. Verschenktes Geld, denn ich war zu diese Zeitpunkt nur beschränkt handlungsfähig, da ich kurz vorher hatte Pistolenduell in Warschau mit eine Conte Branicki. Der Graf aus Polen ertappte mich fatalerweise, wie ich pflegte die Beischlaf mit jener Signora, die auch er beehrte. Im Zuge von die Zweikampf ich erlitt eine arge Verletzung, weshalb ich trug bei meine zweite Besuch in Wien linke Hand in eine Schlinge, was die Bewegungsfreiheit in die Rahmen von meine mittlerweile legendäre Liebeskünste einengte.«

»Wissen Sie eigentlich, wie viele Frauen es insgesamt waren, die Sie beglückten?«

»Ich habe nicht gezählt. Aber ein paar hundert werden es schon gewesen sein.«

»Casanova-Forscher schätzen Sie auf dreihundert Liebschaften ein.«

»Das ist unterste Grenze«, betonte der Frauenheld, der sehr darauf bedacht war, seinen guten Ruf zu wahren.

»Es gibt Leute in Österreich«, sagte ich, »die behaupten, Ihre direkten Nachfahren zu sein.«

»Das kann stimmen, è possibile. Sie müssen bedenken, daß es zu meiner Zeit praktisch weder Kondom noch Pille gab, niente condoma e pillola.«

»Eine uneigennützig gestellte Frage noch, die aber viele meiner Leser interessieren wird: Können Sie uns das Geheimnis Ihrer sagenhaften Erfolge beim weiblichen Geschlecht verraten? Ihre Schönheit wird's wohl, wenn ich die mir vorliegenden Porträts betrachte, nicht gewesen sein.«

»Dio mio! Anfangs ich mußte die Frauen noch verwöhnen, sie auch betören mit meine Charme und Zärtlichkeit außerhalb von die Schlafstätten. Später dann, als sich meine exorbitante Fähigkeiten hatten herumgesprochen, es gab zwischen Roma, Parigi e Petersburg keine Damenkränzchen, bei dem meine ausschweifende Können nicht war tema piccante di discussioni. Das machte Frauenspersonen curioso – neugierig. Irgendwann ich hatte die Status, daß jede wollte wissen, ob ich tatsächlich entsprach, was wurde von mir erzählt. Ich ging auf Reisen und hatte dann an Ort und Stelle nur noch auszuwählen.«

»Phänomenal«, sagte ich, ohne die geringste Spur von

90

Neid erkennen zu lassen. »So erging es Ihnen dann bis ans Ende Ihrer Tage?«

»Wäre es nur so gewesen«, bedauerte er. »Irgendwann war selbst bei Casanova der Ofen aus, era finito! Es war die schwerste Schlag von meine Leben, als die erste Mal versagte meine erotische Genie. Stellen Sie sich vor, Pavarotti könnte nicht mehr singen, der Papst nicht mehr reisen – il papa non viaggia – und Sie nie mehr schreiben! Wenn ich war sechzig, es war aus und vorbei, ich hatte mich verausgabt«, jammerte der retirierte Playboy mit tränenerstickter Stimme.

»Mein Telefon ist keine Sex-Hotline«, unterbrach ich rüde, »wenn Sie Potenzprobleme haben, sollten Sie sich vertrauensvoll an Frau Dr. Gerti Senger wenden!«

»Dafür es ist zu spät, è troppo tardi«, stellte Casanova klar. »Gerade in diese so schmerzliche situazione Austria wieder war für mich molto importante. Bei meine nächste Wien-Besuch die Keuschheitskommission war schon verschwunden (sie hätte mich ohnehin nicht mehr tangiert). Aber ich lernte hier kennen den Conte Waldstein, der mich einlud, meinen Lebensabend auf seine castello zu verbringen, in Dux in Böhmen. Dankbar ich nahm an und schrieb dort meine Memoiren. Auf fast viertausend Seiten ich hielt meine galanten Abenteuer für künftige Generationen fest, auch jene mit all die schöne Wienerinnen.«

»Ihre letzten Jahre auf Schloß Dux verbrachten Sie in großer Einsamkeit.«

»Sì, das ist die Konsequenz, wenn man liebt keine Weib länger als ein paar Tage. Auf die castello«, sagte er, »kam dann, als ich war 73, meine traurige Ende. Es ist eine Ironie von die Weltgeschichte, daß ich, der große Liebhaber Giacomo Casanova, mußte sterben ausgerechnet an die Erkrankung von jene Körperteil, dem ich all das Schöne zu danken habe. Ich hatte Prostataleiden.«

»Das ist wirklich ein besonderes Pech«, bemerkte ich und fragte zum Abschluß, ob er sein Leben ein zweites Mal genauso führen würde.

»Wissen Sie, Signore Markus, ich habe für mein ausschweifendes Dasein auf Erden bezahlt eine hohe Preis. Ich war in carcere, wurde verletzt bei duelli, mußte flüchten vor policia, vor verlassene Frauen und vor gehörnte Ehemänner. Hier unten ich büße jetzt für so viel amore, die ich einst genossen. Aber selbst wenn ich wollte – eine andere Leben als meine ich hätte nie führen können.«

Plötzlich zeigte sich Casanova kurz angebunden: »Ich muß Schluß machen subito. Zu die drakonische Strafen in die Fegefeuer zählt Umstand, daß die Benützung von die telefono ist gestattet nur alle hundert Jahre – beschränkt auf jeweils dieci minuti, zehn Minuten.«

»Arrivederci«, sagte ich, »bis zum nächsten Mal.«

Sarajewo bleibt ohne Folgen

Kaiser Franz Ferdinand I., eine Fiktion

S arajewo, den 28. Juni 1914. Eigener Bericht unseres
Korrespondenten. – Die Welt ging heute vormittag
knapp an einer Katastrophe vorbei, deren Tragweite
nicht abzuschätzen gewesen wäre. Als Erzherzog-
Thronfolger Franz Ferdinand und seine Gemahlin,
Herzogin Sophie von Hohenberg, um 10.45 Uhr – nach
einem Besuch beim Bürgermeister der bosnischen
Hauptstadt – vor dem Rathaus ihren Wagen bestiegen
hatten, zog der 19jährige Gymnasiast Gavrilo Princip
seinen Browning-Revolver, um aus 2,5 Meter Entfernung zwei gezielte Schüsse abzugeben. Der Geistes-
gegenwart eines Begleiters ist es zu danken, daß der
Thronfolger und seine Gattin unverletzt blieben: Franz
Graf Harrach, der den hohen Besuchern während ihres
Aufenthalts in Sarajewo sein Auto zur Verfügung stellte und auf der vorderen Sitzbank neben dem Chauffeur
saß, stürzte sich, als er den bewaffneten Mann neben
dem offenen Wagen entdeckte, in Sekundenschnelle
auf den Erzherzog und die Herzogin und zerrte das
Ehepaar zu Boden, worauf die beiden Projektile ihr Ziel
verfehlten. Die hinteren Sitze des Wagens wurden
durchbohrt, die Schüsse wären also mit absoluter
Sicherheit tödlich gewesen. Der Attentäter konnte verhaftet werden.«

Soweit die Meldung, die im Sommer 1914 weltweit für Schlagzeilen sorgte, aber bald wieder in Vergessenheit geriet – es war ja weiter nichts geschehen. Franz Ferdinand und Sophie traten am Tag nach dem mißglückten Mordanschlag, noch unter Schock stehend, die Heimreise an, und bald konnten sie in ihrer Wiener Residenz, dem Belvedere, wieder zur Tagesordnung übergehen. Zweieinhalb Jahre später starb Kaiser Franz Joseph im Alter von 86 Jahren in Schloß Schönbrunn. Franz Ferdinand wurde zum Kaiser von Österreich und kurz danach auch zum König von Ungarn gekrönt. Man schrieb das Jahr 1916, und die Menschen lebten in tiefstem Frieden. Denn in Sarajewo war kein Blut geflossen.

In seiner ersten Amtshandlung nach dem Staatsbegräbnis für den alten Kaiser entließ der neue Monarch dessen Regierung. Endlich konnte Franz Ferdinand seinen alten Traum einer Großen Koalition wahrmachen. Sein enger Weggefährte Dr. Friedrich Funder, bisher Chefredakteur und Herausgeber der christlich-sozialen *Reichspost*, wurde k. u. k. Ministerpräsident, Johannes Schober Innenminister, der Priester Dr. Ignaz Seipel Sozial- und Generalstabschef Franz Conrad von Hötzendorf Verteidigungsminister (nachdem sich die Regierungsparteien auf die Abschaffung des »Kriegsministeriums« geeinigt hatten). Dr. Viktor Adler, der Führer der Sozialdemokraten, erhielt die Leitung des Außenamtes, Karl Seitz das Unterrichtsressort, der Nationalökonom Professor Josef Schumpeter wurde Finanz- und Michael Hainisch Handelsminister. Der Bauer Jodok Fink war für die Landwirtschaft, der christlich-soziale Arbeiterführer Leopold Kunschak für Verkehr zuständig.

94

Die »linke« Fraktion war unter der Bedingung, daß die Tagesarbeitszeit von zehn auf acht Stunden verkürzt würde, in die Regierung eingetreten, und auch Reformen in der Kranken- und Pensionsfürsorge wurden vereinbart. Weiters sollten die Privilegien des Adels eingeschränkt und – in einer zweiten Stufe innerhalb von zehn Jahren – abgeschafft werden. Kaiser Franz Ferdinand I. erklärte sich nach mehrtägigen Verhandlungen mit den wesentlichen Punkten des Koalitionspaktes einverstanden. Nicht, weil er die Schwächung des Adels und die Aufwertung neuer sozialer Schichten begrüßt hätte, sondern weil er davon überzeugt war, daß ein Schwimmen gegen den Strom den baldigen Untergang des Kaiserreichs zur Folge haben würde.

Die großen Probleme aber sollten erst auf ihn zukommen. In fast allen Teilen der Monarchie gab es Unruhen und Demonstrationen, Hunderttausende Menschen sammelten sich zu Protestkundgebungen, wie sie aus Respekt vor dem alten Kaiser bis dahin weitestgehend unterblieben waren. Gerade das moderne und demokratische Auftreten des 53jährigen Monarchen ermutigte viele, ihre Forderungen nach Gleichberechtigung aller Nationalitäten zu äußern: Die Deutschnationalen tagten in Eger, die Liberalen in Teplitz, die Klerikalen in Innsbruck, die Sozialdemokraten in Linz, die Polen in Krakau, die Italiener in Triest, die Kroaten in Agram, die Serben in Karlowitz ...

Als weit gefährlicher sollten sich die aufgeheizten Versammlungen radikaler Gruppen in den einzelnen Landesteilen erweisen. In Lemberg, Ostrau, Görz, Split und vielen anderen Städten sahen selbsternannte Volkstribune mit dem Tod des alten Kaisers die Zeit gekommen, die Abschaffung der Monarchie zu fordern. Bei zum Teil blutigen Straßenschlachten kam es immer wieder zu Zusammenstößen zwischen Militär und Zivilbevölkerung. Doch da der Kaiser ausdrücklich Befehl erteilt hatte, die Ausschreitungen unter keinen Umständen eskalieren zu lassen, konnte ein Bürgerkrieg vermieden werden.

Ein Manifest, das Franz Ferdinand am Heiligen Abend des Jahres 1916 verlas, trug zur Beruhigung der Gemüter bei: Der Kaiser stimmte darin einer Erweiterung des Wahlrechts und einer künftigen Mitbestimmung aller in der Monarchie vereinigten Nationen zu. Für Aufsehen sorgte die Ankündigung, seine seit langem gehegte Idee des »Trialismus« durch Schaffung eines dritten Teilstaates – dem alle Südslawen angehören sollten – in die Tat umzusetzen.

Am 15. März 1917, auf den Tag genau fünfzig Jahre nach dem Ausgleich mit Ungarn, unterzeichnete der Kaiser den tschechisch-deutschen Ausgleich, bald darauf ließ er sich auf dem Prager Hradschin zum König von Böhmen krönen. Der Jubel der Menschen kannte kein Ende, als die Tschechoslowakei zu einem mit Österreich und Ungarn gleichberechtigten Teilstaat erklärt wurde.

Im zweiten Jahr seiner Regentschaft unternahm der Kaiser eine mehrtägige Balkanreise, die er dazu nutzte, um unermüdlich für die Erhaltung des Friedens einzutreten. Die Entscheidung, die großen demokratischen Kräfte in der Regierung zu vereinen, sollte sich als richtig erweisen. Die Zusammenarbeit der einander bisher bekämpfenden Parteien half mit, den Fortbestand der Monarchie zu sichern, da die Gegner von gestern nun an einem Strang zogen.

Am 21. November 1918, wenige Tage nach dem plötzlichen Tod Viktor Adlers, wurde dessen Nachfolger Dr. Karl Renner vom Kaiser in Audienz empfangen. Der Sozialdemokrat konnte die Veränderungen in der Hofburg kaum fassen, wußte er doch, wie das steife Protokoll die Besucher Kaiser Franz Josephs hatte spüren lassen, daß sie dessen Untertanen waren. Innerhalb weniger Jahre war vieles anders geworden: Kaiserin Sophie hatte die völlige Neugestaltung der kaiserlichen Gemächer veranlaßt, die schweren Samtvorhänge, die die Wohn- und Amtsräume düster erscheinen ließen, wurden entfernt, neue Möbel und helle Tapeten sorgten für eine offene, freundliche Atmosphäre. Als Renner das Audienzzimmer betrat, reichte ihm der Kaiser – wie jedem Besucher, egal welchem Stand er angehörte – die Hand; danach nahm der Politiker in einem Fauteuil neben Franz Ferdinand Platz. Erstmals sprach ein Monarch mit seinem Besucher, als wäre er seinesgleichen. Ganz im Gegensatz zu Franz Joseph zeigte sich Franz Ferdinand bei fast allen Anlässen in Zivilkleidung. Renner, der einst für die Umwandlung der Monarchie in eine Republik eingetreten war, konnte sich davon überzeugen, daß das neue Jahrhundert auch im Kaiserhaus eingekehrt war.

In der zweistündigen Audienz des neuen Parteichefs sprach sich Franz Ferdinand für eine Stärkung des Parlaments aus. In mühsamen und langwierigen Verhandlungen sollte es in den kommenden Jahren gelingen, einen Schlüssel zu finden, mit dem die Sitze im Reichstag unter den Nationen und Parteien, den Ständen und Minderheiten einigermaßen gerecht verteilt würden.

Auch in der Bevölkerung erfreute sich der Kaiser wachsender Popularität. Kaum jemand hatte damit gerechnet, daß er die Gabe besitzen würde, sich Sympathien zu schaffen, war er doch als Thronfolger wenig beliebt gewesen und immer im Schatten des übermächtigen Kaisers gestanden. Auch Kaiserin Sophie gewann die Herzen der Völker, wobei es der geborenen Gräfin Chotek als »nicht ebenbürtiger Frau« leichter fiel, auf die Menschen zuzugehen als irgendeiner Angehörigen des Kaiserhauses zuvor. Die Kinder aus der morganatischen Verbindung blieben, wie von Franz Ferdinand bei seiner Heirat akzeptiert, von der Thronfolge ausgeschlossen – die Herzöge Sofie, Max und Ernst von Hohenberg erlernten bürgerliche Berufe.

Zunehmend zog Franz Ferdinand seinen Neffen, Erzherzog Karl, in wichtigen Belangen zu Rate, wobei der Thronfolger gemeinsam mit seiner Gemahlin Zita auch repräsentative Aufgaben übernahm. Im Gegensatz zum alten Kaiser, der Entscheidungen stets ohne Einbeziehung des Kronprinzen traf, ließ Franz Ferdinand seinen Nachfolger am politischen und militärischen Geschehen teilhaben. Nach Erzherzog Karls Tod nahm dessen erstgeborener Sohn Otto die Aufgaben eines Thronfolgers wahr.

Viel trug zum positiven Erscheinungsbild des Kaisers bei, daß er als weltweit erster Monarch bereit war, Zeitungsinterviews und Pressekonferenzen zu geben, bei denen die Journalisten auch heikle Fragen stellen durften.

Als Franz Ferdinand 1933 seinen 70. Geburtstag feierte, wurde im Deutschen Kaiserreich Heinrich Brüning von der Zentrumspartei als Reichskanzler bestätigt und von Kaiser Wilhelm II. angelobt. Ein Kunstmaler aus Braunau am Inn, der seit geraumer Zeit durch hetzerische Reden in Erscheinung getreten war, hatte mit seinen politischen Ideen bei den vorangegangenen Reichstagswahlen keine nennenswerten Erfolge verbucht. Warum auch – in Versailles waren den Deutschen keine als schmählich empfundenen Verträge diktiert worden, die sie zu Gebietsabtretungen und hohen Reparationszahlungen verpflichtet hätten. Ebensowenig mußte auch Österreich nach Saint-Germain pilgern. In beiden Staaten herrschten Wohlstand und ein hohes Beschäftigungsniveau, wie Mitteleuropa dies nie zuvor erlebt hatte. Der März 1938 zog ins Land, und Österreich-Ungarn-Böhmen blieb eine selbständige Monarchie, deren Demokratie nach britischem Vorbild reifte.

Die Geschichte unseres Jahrhunderts sollte einen anderen Verlauf nehmen. Der Tod zweier Menschen in Sarajewo hat maßgeblich dazu beigetragen.

»Lumpazi hat keine Schangse!«

Wenn Nestroy heute lebte

Jede Zeit hat die Künstler, die sie verdient. Und die Theaterdirektoren.

Direktionszimmer eines Wiener Theaters

DIE PERSONEN:
Theaterdirektor
Frl. Haslinger, Sekretärin
Johann Nepomuk Nestroy, Dichter
Johann Strauß Sohn, Komponist

THEATERDIREKTOR *(drückt auf den Knopf seiner Sprechanlage, die auf dem Schreibtisch steht)*: Fräulein Haslinger!

HASLINGER *(tritt ein, jung, keß, sexy)*: Herr Direktor haben gerufen!

THEATERDIREKTOR: Nu sagen Se mal, was ich denn heute zu erledigen habe.

HASLINGER: Den heutigen Tag haben Herr Direktor reserviert, um junge Talente anzuhören. Zwei Dichter und ein Musiker warten schon draußen im Vorzimmer.

THEATERDIREKTOR: Ach ja, richtich, als Theaterdirektor hat man heutzutage die verdammte Pflicht, sich um den Nachwuchs zu kümmern. Da komm' völlig unbegabte Leute, und man muß mit ihn' sprechen, anstatt mit wichtigen Kritikern des deutschen Feuilletongs Mittagessen zu gehen. Zum Kotzen! Der Staat verlangt's, sonst werden die Subvention' gekürzt! Also, wer is denn nu der erste dieser sogenannten Künstler?

HASLINGER *(blickt auf eine Visitenkarte)*: Ein Herr Nestroy, Johann Nepomuk.

THEATERDIREKTOR: Nestroy? Nie gehört. Also, schnell mal rein mit ihm.

NESTROY *(tritt ein)*: Meine Verehrung, Herr Direktor.

Frl. Haslinger verläßt hüftschwingend den Raum.

NESTROY *(schaut ihr nach)*: Einen Gang hat's wie eine Prozession, die aus einer einzigen Person besteht. *(zum Direktor)* Das is' a Zitat von mir.

THEATERDIREKTOR: Was is denn das wieder für'n Spruch? Sie sind wohl so'n verkappter Scherzkeks, 'n alpenländischer Klamaukfritze. – Komm' wir zur Sache. Was kann ich für Sie tun, junger Mann?

NESTROY: Ich war so frei, Herrn Direktor ein Manuskript meines Lustspiels einzusenden zwecks Aufführung an Ihrem Theater.

THEATERDIREKTOR *(kramt im Schreibtisch)*: 'n Lustspiel haben Se mir geschickt? Wie hieß es denn gleich?

NESTROY: *Lumpazivagabundus*, Herr Direktor zu Diensten.

THEATERDIREKTOR: *Lumpazivaga-* ...? Wann hatten Sie mir das zugesandt?

NESTROY: Vor viereinhalb Jahren, Herr Direktor. Seither hab' ich versucht, bei Ihnen vorzusprechen, aber bisher ohne Erfolg.

THEATERDIREKTOR: Tja, man hat zu tun. *(öffnet die unterste Schreibtischlade, entnimmt ihr ein Manuskript, bläst Staub vom Umschlag)* Ach ja, da haben wir's. *Der böse Geist Lumpazivagabundus oder Das liederliche*

Kleeblatt, Zauberposse mit Gesang von Johann
Nepomuk Nestor ...
NESTROY *(korrigiert ihn)*: Nestroy, net bös sein, Herr
Direktor.
THEATERDIREKTOR: Ach ja, Nestroy. Also, hören Se zu:
Nach eingehendem Studium Ihres Werkes muß ich
Ihn'n mitteilen, daß dieses Stück an meinem Haus nich'
aufgeführt werden kann. Wohl noch nie was von
Regietheater gehört? Wenn Sie bei uns gespielt werden
wollen, müssen Sie schreiben könn' wie Jelinek, Tabori,
Turrini, André Heller. Mit Ihren Stücken werden Sie
nich' weit kommen, Nestor ...
NESTROY *(korrigiert)*: Nestroy, Herr Direktor.
THEATERDIREKTOR: Sie müssen modern sein, angriffs-
lustig, sonst haben Sie in der heutigen Zeit keine
Schangse!
NESTROY *(leise zu sich)*: I versteh ka Wurt, was der sagt.
(zum Direktor) Haben Sie meinen *Lumpazi* überhaupt
g'lesen, Herr Direktor?

102

THEATERDIREKTOR: Gelesen, gelesen ... Paperlapapp! Ich sah den Titel, das genücht. *Lumpazivagadingsda* – 'n Theaterdirektor muß 'nen Riecher haben. Und den wird mir wohl keiner absprechen könn'.

NESTROY: Sie haben mein' *Lumpazi* net amoi ignoriert?

THEATERDIREKTOR: Immer det Weanerische Idiom. *(äfft Nestroy nach)* Net-a-mo-i-igno-riert ... nu hören Se mal uff mit Ihren Sprüchen, Nestor!

NESTROY: Nestroy, Herr Direktor.

THEATERDIREKTOR: Nestor-Nestroy, is doch Jacke wie Hose, den Namen kann sich doch ohnehin kein Schwanz merken! Sie müssen Stücke schreiben, die Aufsehen erregen. Stücke, die Sie in die Schlachzeilen bring'n. Und vor allem Ihren Direktor! Vorausgesetzt, Sie wollen für 'ne gute Bühne schreiben. Wissen Sie überhaupt, was 'ne gute Bühne ist?

NESTROY: Eine gute Bühne ist die – sagte ich in meiner Posse *Frühere Verhältnisse* –, wo in jeder Loge ein Millionär und auf jedem Fauteuil ein Kapitalist sitzt ...

THEATERDIREKTOR: Mensch, Nestor, Sie sind ja 'n Reaktionär! Det is nischt für mich. Tut mir leid, Mann! Was werden Sie jetz tun?

NESTROY *(deprimiert)*: Wenn ich mir meinen Verdruß nit versaufert, müßt ich mich g'rad aus Verzweiflung dem Trunk ergeben.

THEATERDIREKTOR: Von wem is'n det wieder?

NESTROY: Von Nestor ... äh Nestroy! – *Lumpazivagabundus.*

THEATERDIREKTOR: Ganz schlecht. Geistvoll müssen Sie sein, wenn Sie Kohle machen wollen. Wovon leben Sie denn?

NESTROY: Oh, es ist ein bitteres Gefühl, wenn man oft so hungrig ist, daß man vor Durst nicht weiß, wo man die Nacht schlafen soll – auch aus meinen *Früheren Verhältnissen*. G'scheit, net wahr?

HASLINGER *(tritt ein, zeigt auf die Uhr)*.

THEATERDIREKTOR: Sehr gescheit, Nestor. Aber jetzt müssen Sie mich entschuldigen, vor der Tür wartet weiterer Nachwuchs. Versuchen Sie's doch mal beim Fernsehen oder in der Politik, schreiben Se Werbespots, Wahlreden oder sonst was ...

NESTROY *(verbeugt sich, geht ab)*.

THEATERDIREKTOR: Nu, Fräulein Haslinger, wer ist der Nächste?

HASLINGER: Ein Herr Strauß, Johann!

THEATERDIREKTOR: Ach ja, das is der Sohn vom ollen Strauß. Glaubt, weil er 'n berühmten Vater hat, der mal den *Songcontest* gewonn' hat, kann er in meinem Theater die Musik machen. Der Papa wird's scho richten, wie sie in Wean sagen ... – Nu lassen Sie ihn mal 'rein.

JOHANN STRAUSS *(Geige in der Hand, tritt ein)*: Mein lieber Direktor!

THEATERDIREKTOR: Tach, Strauß. Wie geht es Ihrem Vater?

STRAUSS: Dank der Nachfrag'. Er hat gerade den *Vranitzkymarsch* komponiert *(spielt ein paar Takte Radetzkymarsch)*. Ein Auftragswerk der Regierung.

THEATERDIREKTOR: Tja, geht ooch nich' ins Ohr. Und Sie, Strauß, selbst 'nen Einfall gehabt?

STRAUSS: Kann mich nicht beklagen. Wenn ich Ihnen vielleicht etwas vorspielen dürfte ... *(geigt Donauwalzer, Kaiserwalzer, Wiener Blut, Melodien aus Zigeunerbaron, Nacht in Venedig etc.)*

THEATERDIREKTOR *(schläft während der Darbietung ein. Ein lauter Ton am Ende weckt ihn)*: Na ja, ganz nett,

Strauß. Aber nischt für mein Haus, zuviel Schnickschnack drin. Ich such was, das ins Ohr geht. Denken Sie an Udo Lindenberg, Grönemeyer, Konstantin Wecker – das sind Melodien!

STRAUSS: Ich hätte eine Operette für Sie. *Die Fledermaus* hab' ich sie genannt *(spielt ein paar Takte der Ouverture)*.

THEATERDIREKTOR: Mensch, hören Se mir uff, da tun ei'm ja die Ohren weh. Und der Titel! *Fledermaus*, so'n häßliches Flattertier, i gitt, das will das Publikum nich', die Leute denken, das fliegt durch'n Zuschauerraum. Hat keine Schangse, jemals aufgeführt zu werden. Na denn, tschüs, Strauß, ich muß weitermachen ...

STRAUSS *(geht ab)*.

THEATERDIREKTOR *(brüllt verärgert)*: Haslinger, wer ist der nächste?

HASLINGER *(tritt ein)*: Ein Herr Grillparzer, Franz.

THEATERDIREKTOR: Grillparzer? Schicken Se ihn nach Hause. Ich denke, für heute haben wir genug junge Talente gefördert!

»Meine geliebte Anna!«
Aus den (nie geschriebenen) Liebesbriefen des Erzherzogs Johann an die Postmeisterstochter Anna Plochl. Und deren Antworten

Graz, 16. August 1819
Werthes Fräulein!
Sie werden sich meiner erinnern, ich bin einer jener Herren, denen Sie gestern im malerischen Ausseer Land begegneten. Ich hatte mit Freunden eine Wanderung durch meine geliebten steirischen Berge unternommen, an deren Ende die Durchquerung des Toplitzsees stand. Gerade als wir das kleine Schiff am Westufer verließen, entdeckte ich Sie in einer Gruppe junger Bürgermädchen, und ich darf sagen, daß mich Ihr reines Wesen, Ihre jugendliche Anmut, Ihr Liebreiz, Ihre Schönheit sofort in den Bann zogen. Es wäre mein großer Wunsch, Sie wiederzusehen!
Ihr Johann

Aussee, den 19. August 1819
Kaiserliche Hoheit!
Natürlich erinnere ich mich an die Begegnung mit Kaiserlicher Hoheit, man sieht ja hier nicht alle Tage einen leibhaftigen Erzherzog. Unser Bürgermeister hatte mich mit anderen Mädchen zum festlichen Empfange bei der Ankunft Eurer Hoheit am Steg des Toplitzsees

postiert. Doch müssen Kaiserliche Hoheit sich irren und die vielen schönen Worte wohl einer anderen Dame zugeschrieben haben. Ich bin ein einfaches Mädchen von fünfzehn Jahren, mein Vater ist der Postmeister Jakob Plochl von Aussee. Sie aber sind ein Prinz und der Bruder unseres guten Kaisers!
Hochachtungsvoll Anna Plochl

Mariazell, 24. August 1819
Liebes Fräulein Anna!
Nun haben wir uns gestern im Sölktal, wohin Sie mit Freundinnen einen Tagesausflug unternahmen, wiedergesehen. Wie schön, daß die Bestimmung uns neuerlich zusammengeführt. Und wie glücklich war ich, als Sie meine Frage, ob Ihr Herz schon vergeben, verneinten. Machen Sie sich bitte keine Sorgen um die Ungleichheit unserer Herkunft. Ich war immer auf der Suche nach einem Wesen, das mir als Mensch und nicht als Fürsten zugethan.
Ihr Johann

Aussee, 29. August 1819
Kaiserliche Hoheit!
Wir waren auf dem Weg zum Schwarzensee, als Kaiserliche Hoheit plötzlich vor uns standen. Als Sie zu mir sagten »Seyen Sie mir guth«, schlug mein Herz ganz fest, doch mein Vater will nicht haben, daß ich Kaiserliche Hoheit wiedersehe.
Hochachtungsvoll Anna Plochl

Mariazell, 14. September 1821

Liebe Anna!

Zwei Jahre hat es gedauert, bis ich Ihnen gestern bei der Hochzeit meines Freundes und Wildfpflegers Karl Schweighofer endlich wieder begegnen durfte. Sie sind vom Mädchen zur Frau gereift, Ihre Schönheit ist aufgegangen wie eine edle Knospe. Sie fragten mich, warum ich, der Prinz, Sie, das Kind aus dem Volke, so sehr ins Herz geschlossen. Nun, Sie wissen von meinem Hang zur Nathürlichkeit, zum Zwanglosen, Ursprünglichen. Ich habe in Kriegen und bei Hof so viel an Intrigue, Haß, Kampf und Tod ansehen müssen, daß ich der düsteren Verlogenheit der Stadt immer mehr entfliehe und nur noch nach Wahrheit suche. In Ihnen sehe ich, wovon ich lange geträumt: einen Menschen von wohlthuender Schlichtheit, nicht fähig zu all der Berechnung und Bösartigkeit, wie ich sie überall sonst gesehen. Ich werde nicht zulassen, daß noch einmal eine so lange Frist verstreichet, ehe wir einander wieder treffen.

Innigst Ihr Johann

Aussee, 28. September 1821

Kaiserliche Hoheit!

Bitte mir nicht weiterhin so schöne Briefe zu schreiben. Ich habe so viele Sorgen. Nach dem Tode meiner Mutter muß ich jetzt ganz allein den Haushalt erledigen. Es ist ein hartes Leben, das wir führen. Zwölf Geschwister waren wir, ich die Älteste. Mein Bruder Alois ertrank in der Traun, als er vier war, bald danach starb meine Schwester Walpurga. Ein Bruder wurde von den Fraisen, ein anderer vom Keuchhusten hinweggerafft. Jetzt muß ich mich um die sieben Übriggebliebenen kümmern, bin Tochter, Schwester und

Mutter zugleich. Es darf nicht seyn, daß ein Erzherzog
ein armes, braves Mädchen vom Lande mit solchen
Worten verwirren thut.
Hochachtungsvoll Anna

Wien, 2. Oktober 1821
Liebe Anna!
Der traurige Tod Ihrer Mutter und was Sie sonst an Leid
und Trauer geschildert, gehen mir furchtbar nahe.
Glauben Sie mir, daß ich aus ganzem Herzen mit Ihnen
fühle und keinen sehnlicheren Wunsch habe, als Ihre
Hand zu halten, um Ihnen ein wenig von all dem
Schmerz nehmen zu können, den Ihnen das Schicksal
zugefügt.
Ihr Johann

Aussee, 17. Juni 1822
Kaiserliche Hoheit!
Eine Freundin hat mir erzählt, daß Kaiserliche Hoheit
zu den begehrtesten Heirathskandidaten aller Königshäuser in Europa zählen und daß alle Leute bei Hof sich
bemühen, Sie mit einer Prinzessin aus reichem, vorneh-
mem Hause zu verbinden. Wie soll ich da verstehen,
daß Kaiserliche Hoheit mich immer wieder sehen und
sprechen wollen, mir so schöne Sachen schreiben. Kriegen wird Sie eine Prinzessin aus einem fernen Lande,
und ich werde nur viele Thränen weinen.
Anna

Wien, 21. Juni 1822
Meine liebe, gute Anna!
Ja, es stimmt, oft schon wollte man mich verheirathen,
doch diese Damen haben mich nicht interessiert. Meine

Cousine Marie-Antoinette von Neapel war ebenso darunter wie eine russische Prinzessin und die Verwandte unseres damaligen Erzfeindes Napoleon – das war wohl die größte Zumuthung, die Metternich mir zufügen wollte. Ich lehne die Heirathspolitik des Hauses Habsburg entschieden ab, und so können Sie mir die Ehrlichkeit meiner Absichten Ihnen gegenüber wirklich glauben.

Dieser Metternich ist ja auch sonst ein Unglück für unser geliebtes Vaterland. »Wie kann man fröhlich sein«, sagte ich einmal, nachdem ich eines seiner Ballfeste besucht, »wenn so viele Tausende bedrängt sind? Während hier das Theuerste verfressen und versoffen wird, alles in Silber und Gold prangt, Hunderte von Kerzen verbrennen, um eine gezwängte Lustbarkeit zu beleuchten, und während viele Kleider an einem Abend verdorben werden, weint manch treuer Hausvater, erschöpft von der Arbeit, bei seiner Milchsuppe und hat nicht genug, seine Kinder satt zu machen.«

Ich habe genaue Vorstellungen für ein sozial gerechteres Gesellschaftssystem, und ich konnte es, vor allem in meiner geliebten »grünen Mark«, da und dort schon unter Beweis stellen: Besonders am Aufstieg unseres Bauernstandes ist mir gelegen. Der von mir gegründeten steirischen Landwirtschaftsgesellschaft schlossen sich 30 000 Mitglieder an, die dort alle – ob aristokratischer Grundherr oder unterthäniger Bauer – gleichberechtigt sind. In Graz gründete ich einen Versuchshof, auf dem die schwere Arbeit der Knechte durch moderne landwirtschaftliche Geräthe erleichtert wird. Bei Mariazell kaufte ich den Brandhof, den ich selbst bewirtschafte und so dem Volke meine Verbundenheit zeige. Schon beim Umbau arbeitete ich als Maurer wie jeder andere

dort, und auch im täglichen Betrieb scheue ich mich
nicht, bei den schweren Thätigkeiten Hand anzulegen.
In meiner Hochofenanlage in Vordernberg, nahe des
Erzberges, kümmere ich mich um die Anliegen der bra-
ven Arbeiter, der Kranken und der Alten. Das sind
Wege, die nicht in unsere Zeit passen, die aber eines
Tages – davon bin ich überzeugt – allen Menschen zu-
guthe kommen werden.
Verzeihen Sie, liebe Anna, daß ich Sie heute mit meinen
rebellischen Ideen gequält, allein, ich wollte einmal
auch Sie daran theilhaben lassen.
Ihr Johann

Aussee, 25. Juni 1822
Kaiserliche Hoheit!
Ach, hätten nur viele hohe Herren solche Ansichten wie
Sie, so gäbe es die Noth der kleinen Leute nicht. Ich bit-
te Sie, Ihre Arbeit als gütiger Fürst und Landesherr zum
Wohle vieler Menschen fortsetzen zu wollen.
Ihre treue Anna

Weingut Pickern bei Marburg,
10. August 1822
Liebes Nannerl!
Wenn ich gestern auf der Ennsbrücke bei Irdning zu
Ihnen sagte: »Nanni, ich lasse nicht von Ihnen«, dann
bedeutet das, daß wir jetzt verlobt sind.
Im Jahre 1804, da Sie geboren, war Ihr neuer Verlobter
22 Jahre alt. Mein Bruder, Kaiser Franz, hatte mich
trotz meiner Jugend und militärischen Unerfahrenheit
schon als 18jährigen mit dem Oberbefehl im Zweiten
Koalitionskrieg gegen Frankreich ausgestattet, und so
verlor ich auch prompt die entscheidende Schlacht bei

Hohenlinden. Als Sie ein Jahr alt waren, liebes Nannerl, kämpfte ich erfolgreich Seite an Seite mit dem Freiheitshelden Andreas Hofer gegen Napoleons Truppen. Als ich aber 1813 mit dem Alpenbund einen neuerlichen Aufstand in Tirol vorbereitete, ließ mich mein kaiserlicher Bruder wie einen Verräter unter Polizeiaufsicht stellen und des Landes verweisen. So suchte und fand ich in Ihrer schönen Steiermark neue Aufgaben und eine neue Heimath. Das war in vielfacher Hinsicht mein Glück – wohl auch, weil ich hier das liebe Nannerl kennenlernte.

Soviel, damit Sie ein bißchen was über das bisherige Leben Ihres Verlobten wissen. Jetzt sind wir einander versprochen, und bald schon werde ich dieses Versprechen einlösen.

In ewiger Treue Ihr Johann

Brandhof bei Mariazell,
4. April 1823

Meine liebe, liebe Nanni!

Nachdem der Kaiser mir im Februar die mündliche Zusage ertheilet, daß ich Sie heuer noch zum Traualthare führen dürfe, hat er dies mit heutigem Tage auch schriftlich gethan. Nichts mehr kann unserer gemeinsamen Zukunft im Wege stehen. Ich bin der glücklichste Mensch auf Erden. Mit den geforderten Bestimmungen, daß der Vollzug unserer Hochzeit geheim bleiben und weder Ihnen noch den unserer Ehe evtl. entstammenden Kindern je ein Thronanspruch zukommen würde, erklärte ich mich einverstanden. Wichtig ist ja auch nur, daß wir zusammengehören, für immer und ewig.

Ihr Johann

Wien, 24. August 1823
Liebe Nanni!
Dies ist der schwärzeste Tag meines Lebens. Mein
Bruder Franz hat die Bewilligung für unsere Eheschlie-
ßung zurückgezogen, und er wurde zu diesem Schritt sicher von uns mißgünstig gestimmten Familienange-
hörigen gedrängt. Ich verspreche Ihnen, bei allem was
mir heilig, daß ich für unsere Liebe weiterkämpfen
werde.
Ihr Johann

Vordernberg,
14. September 1823
Nannerl!
Jetzt sind Sie bei mir. Nicht als mein Eheweib, als das
ich Sie am 3. ds. über die Schwelle meines Brandhofes
hätte führen wollen, aber doch als Wirtschafterin meines Vordernberger Radmeisterhauses, in dem ich mich
jetzt häufiger aufhalten werde als bisher. Glauben Sie
mir, auch unsere rechtmäßige Verbindung wird noch
kommen. Bitte haben Sie Geduld!
Ihr Johann

Brandhof, 6. Februar 1829
Mein guthes Nannerl!
Bald zehn Jahre sind es, seit wir uns kennengelernt.
Endlich ist es soweit, ich habe den kaiserlichen Segen
für unsere Heirath, diesmal ganz und wahrhaftig. Ich
hatte ein gutes Gespräch mit meinem Bruder Franz, in
dem er mir die definitive Zusage ertheilt. In 12 Tagen,
am 18. ds., wird geheirathet. Ich bin überglücklich.
Ihr Johann

Brandhof, 19. Februar 1829,
am Morgen nach
unserer Trauung

Geliebte Nanni!

Jetzt sind wir eins. Die Jahre der Anfeindungen, der üblen Nachrede, der Kränkungen, Selbstzweifel, der quälenden Enthaltsamkeit sind vorbei. Du bist meine Frau. Und bleibst es für immer.

Dein Dich liebender Johann

Wien, 13. März 1839

Mein Nannerle,

Viele mögen sich wundern, daß wir unseren Sohn Franz tauften, zumal zwischen meinem Bruder und mir oft große Spannung herrschte. Und doch danke ich dem Kaiser alles, was ich habe, mein Glück, mein Leben: gab er mir doch die Einwilligung, mit Dir zu seyn, woraus das Kind unserer Liebe entstand.

Dein Johann

Stainz, 6. März 1850

Meine liebe Gräfin!

Verzeih die gespreizte Anrede, aber jetzt sind wir eben doch eine durch und durch aristokratische Familie, nachdem Seine Majestät Dich zur Gräfin von Meran ernannt. Schön und gut – ich aber liebe immer noch meine kleine Anna, wie ich sie kennengelernt, als geb. Plochl, Postmeisterstochter in Aussee.

Dein Johann

Marcus vs. Markus

Exklusivgespräch mit dem Erfinder
des Automobils

MARKUS: Gestatten, Markus!
MARCUS: Angenehm, Marcus! *(Der alte Herr hält*
kurz inne.) Wieso Marcus? Das bin doch ich!
MARKUS: Ich schreib' mich mit ›k‹. Außerdem heißen
Sie Siegfried, und ich heiße Georg. Ich bin gekommen,
um über Sie und Ihr Automobil einen Exklusivbericht
zu schreiben.
MARCUS: Sind wir verwandt?
MARKUS: Soweit ich feststellen konnte, leider nein – ob-
wohl sich mein Urgroßvater auch noch mit »c« schrieb.
MARCUS: Wen interessiert denn nach so vielen Jahren
noch mein Auto? Gibt es überhaupt noch Autos auf
dieser Welt? Der Kaiser Franz Joseph hat doch, als er
meinen Wagen zum ersten Mal gesehen hat, gesagt:
»Also, durchsetzen wird sich das sicher net!«
MARKUS: Es hat sich dann aber doch ganz schön durchgesetzt, es gibt heute Millionen Automobile auf der
Welt.
MARCUS: Millionen? Das hätt' ich nie gedacht. Werde
ich als großer Erfinder gefeiert?
MARKUS: Das ist so eine Sache. Von Zeit zu Zeit bricht
ein heftiger Streit darüber aus, wer nun wirklich das al-
lererste Automobil gebaut hat – Sie oder Carl Benz. Wir

Österreicher halten natürlich zu Ihnen, die Deutschen hingegen zu Herrn Benz.

MARCUS: Hat der Streit noch immer nicht aufgehört? Das Thema war ja schon zu meiner Zeit stinklangweilig.

MARKUS: Apropos stink- Ihre Erfindung verpestet unsere Luft ganz schön, Herr Marcus.

MARCUS: Ja, wie hätt' ich meinen Zweitakter denn anders antreiben sollen als mit Benzin, Herr Markus?

MARKUS: Tja, ich kenn' mich da nicht so aus. – Herr Benz erklärte jedenfalls, er hätte im Jahre 1886 den weltweit ersten mit einem Benzinmotor ausgestatteten Kraftwagen konstruiert.

MARCUS: Na, da haben wir's! Ich hab' mein erstes Auto schon 1870 in meiner Werkstatt auf der Mariahilfer Straße in Wien gebaut, also kann nur ich der Erfinder sein.

MARKUS: Die Deutschen sagen jedoch, Sie, Herr Marcus, hätten …

MARCUS: … also, dieses ewige »Herr Marcus« hin, »Herr Markus« her geht mir langsam auf die Nerven. Sag Sigi zu mir!

MARKUS: Gerne. Also, die Erben von Carl Benz behaupten, du hättest dein Auto in Wahrheit erst 1888, also zwei Jahre nach Benz, gebaut.

MARCUS: Die alte Lüge! Zu den ewigen Auseinandersetzungen konnte es nur kommen, weil ich in Wahrheit zwei Autos konstruiert habe. Das erste 1870 – das zweite 1888. Nummer eins existiert leider nicht mehr, aber es gibt noch Pläne und Fotografien von diesem nachweisbar ersten Automobil der Welt! Mein zweites Auto, das von 1888, müßte hingegen noch existieren …

MARKUS: Ja, es steht im Technischen Museum in Wien.

116

MARCUS: Das ehrt mich. Hast du es schon einmal gesehen?

MARKUS: Ich durfte sogar einmal eine Probefahrt unternehmen.

MARCUS: Toll, was! Entspricht es immer noch dem letzten Stand der Technik?

MARKUS: Nicht ganz, Sigi. Ich hoffe, daß du nicht enttäuscht bist, aber in den hundert Jahren, die vergangen sind, seit du es gebaut hast, hat sich einiges geändert: Dein Auto wurde ja noch mittels Handkurbel gestartet – heute verwendet man einen Zündschlüssel. Du mußtest auf einem schmalen, roh gezimmerten Holzbrett Platz nehmen – heutige Autos haben Schalensitze aus Leder. Weiters verfügen moderne Kraftfahrzeuge über Servolenkung, ABS, Kupplung, Gas- und Bremspedal, Aschenbecher, Sicherheitsgurte, Kofferraum, Scheinwerfer, Hupe, Autotelefon, Airbag, Scheibenwischer ...

MARCUS: Wer braucht denn Scheibenwischer?

MARKUS: Du brauchtest keine, weil ja dein Marcus-Auto keine Scheiben hatte. Wozu auch, mit seinen 0,75 PS schaffte es mit Müh und Not sieben Stundenkilometer, heutige Autos fahren mit 180 bis 200 Sachen.

MARCUS: 200 Kilometer in der Stunde? Ist das nicht ein ziemliches Risiko?

MARKUS: Das kann man wohl sagen. Das Auto zählt zu den größten Gefahrenquellen unseres Jahrhunderts.

MARCUS: Das hab' ich nicht gewollt.

MARKUS: Tja, jetzt ist's zu spät, wir können uns trotz allem ein Leben ohne dein Auto gar nicht mehr vorstellen. Außerdem sichert es Millionen Arbeitsplätze in den USA, in Japan, England, Frankreich, Deutschland ...

MARCUS: ... in Österreich.

MARKUS: Leider nein, wir haben keine Automobilindustrie.

MARCUS: Was, wir haben das Auto erfunden, und andere verdienen daran?

MARKUS: So ist es.

MARCUS: Hauptsache, die Erben von diesem Benz, die sich ewig mit meiner Erfindung wichtig machen, profitieren nicht davon.

MARKUS: Na ja. Deutschlands teuerstes Auto heißt Mercedes Benz. Servus Sigi.

MARCUS: Grüß dich, Georg.

»Zur Sache« mit Napoleon

Frankreichs Kaiser in Wien

13. Oktober 1809, »großer Bahnhof« im *Haas-Haus* auf dem Wiener Stephansplatz: Generalintendant Gerhard Zeiler empfängt Kaiser Napoleon I., dessen Truppen seit Anfang Mai Wien – und damit auch den Küniglberg – besetzt halten. Der Diskussionsleiter führt den Korsen ins TV-Studio. Französische Sicherheitsbeamte folgen ihrem Kaiser auf Schritt und Tritt, da Terroranschläge befürchtet werden. Journalisten aus aller Welt sind zu Napoleons erster Fernsehshow angereist, und Fotografen richten ihre Kameras auf den kleinen, großen Mann, der sich infolge des Medienrummels kaum bewegen kann. »Es war fast leichter Wien einzunehmen als dieses Studio«, sagt der sichtlich gut gelaunte, siegreiche Feldherr zu einem Reporter der US-Station CNN. Letztlich gelingt es Napoleon doch noch, den Platz vor der Kamera zu erobern. Licht an, bitte um Ruhe, die Talkshow *Zur Sache* beginnt!

DIE TEILNEHMER:
Napoleon I., Kaiser von Frankreich
Franz I., Kaiser von Österreich
Andreas Hofer, Gastwirt und Schützenhauptmann, Tirol
Diskussionsleiter: Peter Rabl

RABL (*wendet sich an Napoleon*): Majestät, wir freuen uns, daß Sie die Einladung des ORF, mit uns zu diskutieren, angenommen haben. Sie haben Wien heuer zum zweitenmal erobert – 1805 hatten Sie uns ja auch schon besetzt. Warum sind Sie wiedergekommen?

NAPOLEON: Das haben sich die Österreicher selbst eingebrockt. Schließlich hat mir Ihr Kaiser heuer im April den Krieg erklärt, obwohl wir vor vier Jahren in Preßburg Frieden geschlossen hatten ...

FRANZ: ... einen inakzeptablen Frieden, Sire! Sie hatten uns damals Venetien, Istrien und Dalmatien abgeknöpft und sich vorher schon, ohne auf die habsburgischen Besitzrechte Rücksicht zu nehmen, zum König von Italien krönen lassen.

NAPOLEON: Ja, so ist das eben, wenn man Kriege führt – der eine siegt, der andere verliert!

FRANZ: Nehmen Sie Ihren Mund nicht so voll, Herr Bonaparte. Auch für Sie werden wieder andere Zeiten anbrechen. Sie wurden heuer schon von meinen Truppen bei Aspern geschlagen.

NAPOLEON: Ja, Ihr Bruder, dieser Erzherzog Karl, hat Österreichs Heer angeführt. Seither läßt er sich in allen Medien als »Held von Aspern« feiern. Nur vergißt er dabei zu erwähnen, daß ich seine Armee kurz darauf in der entscheidenden Schlacht bei Deutsch Wagram vernichtet habe.

FRANZ: Ihr bisheriges Image, unschlagbar zu sein ...

NAPOLEON: ... Kümmern Sie sich lieber um ...

FRANZ: ... ist aber seit Aspern dahin ...

NAPOLEON: ... Ihr eigenes Image!

HOFER: ... in Tirol habt's es gar koa Chance nit!

RABL (*versucht zu beruhigen*): Zur Sache, wenn ich bitten darf, meine Herren, die Zuhörer verstehen kein

Wort, wenn Sie sich ununterbrochen unterbrechen. Außerdem muß ich auf die Zeit achten, da die anschließende Übertragung des Ländermatchs Österreich-Frankreich pünktlich beginnen soll. – Nun aber zur Kernfrage an die Majestäten: Gibt es einen Ausweg aus der Situation oder nicht?

FRANZ: Natürlich gibt es einen Ausweg: Herr Bonaparte soll mit seinen Truppen abziehen! Und zwar sofort.

NAPOLEON: Ich glaube nicht, daß Herr Habsburg hier die Bedingungen zu stellen hat. Er tut ja gerade so, als hätte *er* Paris und nicht *ich* Wien eingenommen. Mein Angebot lautet: Ich gebe Ihnen die Residenzstadt zurück, sobald Sie Triest, Krain, Villach und die Gebiete rechts der Save an Italien abgeben. Weiters gehen Krakau, Warschau und Westgalizien an Sachsen und Ostgalizien an Rußland. Salzburg kommt wieder zu Bayern, ebenso wie *(nimmt ein Blatt Papier zur Hand)* – alles kann ich mir natürlich nicht merken – *(liest)* Berchtesgaden, Vorarlberg und die Grafschaft Tirol.

HOFER *(sehr aufgebracht)*: Mit die anderen Länder könnt's machen, was wollt's. Aber Tirol – nie und nimmer! Es tuat's ma ganz die von mir siegreich geführten Schlachten am Bergisel vergessen.

NAPOLEON: Ihre Volkserhebung wird Ihnen nichts nützen: Tirol geht an Bayern, tableau! Sie sollten sich eher Sorgen um Ihren Kopf machen, Monsieur Hofer! Ich selbst werde den Befehl zu Ihrer Erschießung geben.

HOFER: Das wer' ma erscht sehen!

FRANZ: Man sieht, daß diesem Franzosen jegliche Kinderstube fehlt. Ihr Friedensangebot ist untragbar, Herr Napoleon!

NAPOLEON: *Kaiser* Napoleon, wenn ich bitten darf!
FRANZ: Kaiser, daß ich nicht lache! Sie – der Sohn eines kleinen Winkeladvokaten! Mein Geschlecht läßt sich bis Guntram dem Reichen ins Jahr 950 zurückverfolgen. Mit einem Herrn Bonaparte setze ich mich nicht einmal an einen Tisch!
NAPOLEON: … außer im Fernsehen …
FRANZ: … elender Emporkömmling!
RABL: Würden Sie dem elenden Emporkömmling Ihre Tochter Marie-Louise zur Gattin geben?
FRANZ *(nervös)*: Schauen Sie, in der Politik darf man nichts ausschließen.
NAPOLEON *(jetzt versöhnlicher)*: Die Erzherzogin ist eine sehr attraktive junge Frau, und die Ehe mit der Tochter eines Habsburgers würde mein Renommee auf dem internationalen Parkett heben. Da die Verbindung mit meiner Gattin Joséfine kinderlos blieb, ist eine Scheidung jederzeit möglich. Damit stünde einer neuerlichen Verheiratung meinerseits nichts im Wege.
RABL: Wie *profil* diese Woche aufdeckte, stammt die Idee zu dieser Hochzeit vom österreichischen Außenminister Metternich.
FRANZ *(noch nervöser)*: Die vorzeitige Veröffentlichung dieser Angelegenheit ist mir sehr unangenehm. Aber es stimmt, daß Metternich einen eventuellen Frieden zwischen Frankreich und Österreich durch ein Wiederaufleben unserer erfolgreichen Heiratsdiplomatie absichern möchte.
RABL: Die Spatzen pfeifen's von den Dächern, Majestät: Ihre Tochter hat mit diesem Plan gar keine Freude! Erstens wurde ihr von Kindheit an eine tiefe Aversion gegen Napoleon anerzogen – und jetzt soll sie ausgerechnet den Todfeind heiraten! Zweitens ist sie un-

sterblich in den Erzherzog Franz von Modena-Este verliebt.

FRANZ: Da kann ma nix machen. Ich hab' mir meine vier Frauen auch nicht aussuchen können.

RABL *(wendet sich wieder Napoleon zu)*: Majestät, wie wurden Sie von der Wiener Bevölkerung aufgenommen?

NAPOLEON: Ich erfreue mich in Wien durchaus einer gewissen Beliebtheit. Denken Sie an Maître Beethoven, der auf seine *Eroica* die Widmung »intitolata Buonaparte« schrieb ...

RABL: Ja, aber sie galt dem von ihm bewunderten Freiheitshelden und Ersten Konsul Frankreichs. Als Sie sich zum Kaiser krönen ließen, hat der Meister das Deckblatt wütend zerrissen.

NAPOLEON: Na ja, die Propagandaabteilung der österreichischen Regierung hat eben gut funktioniert. Und weil Sie mich schon nach der Bevölkerung fragen: Das Attentat des Herrn Staps, der mich im Hof meiner Residenz in Schönbrunn ermorden wollte, war auch kein Vergnügen. Wir werden mit Herrn Staps kurzen Prozeß machen – er wird in drei Tagen hingerichtet!

RABL: Wie lange wollen Sie in Wien bleiben?

NAPOLEON: Ich werde den österreichisch-französischen Krieg morgen mit dem »Frieden von Schönbrunn« beenden, Herr Habsburg wird bis dahin meine Bedingungen akzeptiert haben. Am 16. Oktober reise ich ab. Die verbleibenden Tage möchte ich für Shopping am Graben und auf der Kärntner Straße nützen, unter anderem muß ich mir neue Uniformen machen lassen, weil meine alten bei diversen Schlachten ein wenig zerzaust wurden. Sie sehen's ja *(zeigt auf seinen etwas zerschlissenen Waffenrock)*. Auf dem Rückweg nach Paris möchte ich dann noch ein paar Tage bei Willi Dungl in Gars am Kamp Station machen, um mich ein wenig zu erholen. Dieses ewige Kriegführen – und viel mehr noch die langwierigen Friedensverhandlungen – haben meine sensiblen Magennerven arg hergenommen.

RABL *(an Kaiser Franz gewendet)*: Werden Sie den von Kaiser Napoleon heute abend in unserer Sendung exklusiv vorgelegten Friedensvertrag unterschreiben, Majestät?

FRANZ: Was bleibt mir anderes übrig! Dennoch würde ich Herrn Napoleon raten, sich nicht zu früh zu freuen: Sein Waterloo wird schon noch kommen!

RABL: Ja, meine Damen und Herren, und am Sonntag nach Waterloo werden wir in *Zur Sache* auch über diese Schlacht diskutieren. Für heut' noch einen schönen Sonntagabend.

Der Kongreß pflanzt ...

... seine Teilnehmer

Kanzler Metternich hatte das neue Konferenzzentrum neben der Reichsbrücke in Wien-Donaustadt, weit draußen am Stadtrand, gerade erst eröffnet, da kamen auch schon die ersten Delegierten des legendären »Wiener Kongresses« angereist. Sie erschienen in prächtigen Equipagen, die Damen hatten für das gesellschaftliche Ereignis des Jahrhunderts in den ersten Haute-Couture-Salons ihre Roben anfertigen lassen, die Herren Galauniformen, Fracks und Zylinder mitgebracht. Umso größer die Verwunderung, als sie, kurz nach der Ankunft, erstmals vor der kalten Fassade des *Austria Centers* in Wien 22., Am Hubertusdamm 6, standen.

»Wo soll denn hier getanzt werden?« fand Frankreichs Außenminister Talleyrand, sich über alle diplomatischen Konventionen hinwegsetzend, als erster den Mut, öffentlich Kritik zu üben. »Doch nicht in diesem schäbigen Neubau! Wir wollen in der Hofburg tanzen!« Metternich, der sich mit dem Betonpalast nächst der UNO-City ein Denkmal hatte setzen wollen, flüsterte seinem kongenialen Gesprächspartner beschwichtigende Worte zu: »Ich habe das 3,3 Milliarden teure Konferenzzentrum in der Regierung durchgesetzt, obwohl über eine Million Österreicher ein Volksbegehren gegen seine Errichtung unterschrieben hat. Jetzt muß ich beweisen, daß wir das Gebäude wirklich benötigen. Daher wird der ›Wiener Kongreß‹ in der Donaustadt und nicht in der Hofburg tagen.«

»Da draußen kann tagen, wer will«, meinte der zum Gipfelgespräch zwischen Talleyrand und Metternich stoßende Herzog von Wellington, »aber ich nicht! Wir sind gekommen, um zu tanzen, wie uns das in den diplomatischen Noten des Wiener Außenamtes versprochen wurde. Was glauben Sie, warum ich meine Frau zu Hause gelassen habe? Wenn Sie uns keine repräsentativen Ballsäle zur Verfügung stellen, reise ich ab und erkläre die Verhandlungen für geplatzt.«

»Da hätten wir ja gleich in Sofia konferieren können«, äußerte auch Preußens König Friedrich Wilhelm III. beim ersten offiziellen Treffen der Staats- und Regierungschefs seinen Unmut. »Wir hatten uns für Wien entschieden wegen des Walzers und der herrlichen Palais, in denen getanzt werden kann wie nirgendwo auf der Welt – und jetzt sollen wir an der Peripherie sitzen?«

»Aber meine Herren«, versuchte Metternich einzulenken, »wir werden's uns auch hier heraußen gemütlich machen. Die schönsten Frauen der Welt haben ihr Kommen zugesagt.«

»Na wenn schon«, ergriff Fürst Razumovsky das Wort, »wo sollen wir mit ihnen tanzen? Wo gibt's hier Logen, Séparées und versteckte Parkbänke?« Um dann in Metternichs Ohr zu flüstern: »Von allem anderen ganz zu schweigen, Klemens!«

Am Abend des 25. September 1814 geleitete Österreichs Staatskanzler den russischen Zar Alexander I. erstmals ins *Austria Center Vienna*. Auch dem soeben aus St. Petersburg eintreffenden Kaiser verschlug's die

Stimme, als er – eskortiert von Kosaken und Tscherkessen mit Spitzhelmen und Kettenpanzern – die kahlen, redoutenfeindlichen Hallen betrat. Verärgert gab der Zar Frack und Lackschuhe in der Garderobe ab, um die einfache Konferenzkleidung anzulegen. »Wir haben uns auf den Ausdruck ›Salondiplomatie‹ geeinigt«, sagte Alexander, »ich aber sehe weit und breit keinen Salon.«

Waren die hochrangigen Konferenzteilnehmer eigentlich nach Wien gekommen, um über die politische Situation Europas nach dem Sturz Napoleons zu verhandeln, so zwang sie die jetzige Lage dazu, vor allem über den Mangel an Tanzmöglichkeiten in der Kongreßstadt zu konferieren. Höhepunkt der diplomatischen Beratungen war die einstimmig beantragte Übersiedlung aller Delegationen ins Schönbrunner Schloß, was aber Kaiser Franz I. und seine Gattin Ludovika ablehnten.

Nun wurden die Unterstaatssekretäre mehrerer Regierungen zu Erkundungsmissionen ins Wiener Nachtleben entsandt. Nachdem sie ihre Staatsschefs über die ersten Eindrücke informiert hatten, sprachen sich die Könige von Preußen, Bayern und Dänemark für allabendliche Partys im *Chattanooga* aus, der elegante Lord Castlereagh machte sich fürs *Volksgarten-Dancing* stark, ältere Monarchen votierten für die *Eden*. Eine am 5. März 1815 durchgeführte Abstimmung unter den zweihundert am Kongreß akkreditierten Vertretern ergab dann eine überraschende, wenn auch hauchdünne Mehrheit fürs *Take Five*. Niemand war glücklich über das Ergebnis, hatten sich doch die Verhandlungsteilnehmer seit Monaten auf die rauschenden Feste in den Palästen der Residenzstadt eingestellt.

In der Hektik hatte keiner der Delegierten bemerkt, daß Napoleon – der Erzfeind aller hier anwesenden Regierungen – ausgerechnet am Tag dieser Abstimmung von der Insel Elba aus überraschend auf Frankreichs Thron zurückgekehrt war. »Wir haben jetzt andere Sorgen«, bemerkte der polnische Graf Potocki, als am nächsten Morgen die Schreckensmeldung von Bonapartes Einzug in Paris bekannt wurde. »Erst wenn wir wissen, wo heute nacht das Tanzbein geschwungen wird, können wir Punkt zwei der Tagesordnung – Napoleons Rückkehr aus dem Exil – behandeln.«

Da die Delegierten weitere einhundert Tage über die dringlichste Kongreßsorge debattierten, mußte Punkt zwei gar nicht mehr behandelt werden – Napoleon war zu diesem Zeitpunkt bereits bei Waterloo geschlagen und neuerlich ins Exil geschickt worden. Diesmal für immer.

Die Krisensitzungen fanden meist im *Café Bräunerhof* statt, weil sämtliche Delegationsteilnehmer in Hotels der Innenstadt logierten und nicht bereit waren, täglich die strapaziöse Reise nach Wien-Donaustadt auf sich zu nehmen. Auch besondere Härtefälle wurden bekannt, etwa der des beleibten Königs Karl Friedrich von Württemberg, der – wie er gestand – »eigens einen Tanzkurs absolviert hatte, um auf dem Wiener Parkett gute Figur zu machen«. Er überlegte, Österreich wegen des Tanzboykotts den Krieg zu erklären.

Es war nicht leicht, sich neben derlei wirklich entscheidenden Fragen auch noch in die Niederungen der Politik zu begeben. Doch eines Tages sollte es den Signatarmächten des »Wiener Kongresses« – zwischen zwei Sitzungen der »Vollversammlung Tanz« – doch noch gelingen, die Neuverteilung Europas zu bestimmen. Und die sah so aus: Österreich erhält Tirol, Vorarlberg, Kärnten, Triest, Galizien, Mailand, Venetien und Salzburg zurück, wofür es Belgien an die Niederlande abtritt. Preußen übergibt mehrere kleinere Regionen an Bayern. Auch die meisten anderen Siegermächte gehen erstarkt aus den Verhandlungen hervor: England hat seine See- und Kolonialherrschaft ausgebaut, Rußland ist über Polen bis nach Mitteleuropa vorgedrungen. Schweden und Norwegen werden vereinigt, in Spanien, Portugal, Sardinien und Neapel herrschen wieder die alten Dynastien. Die Schweiz wird erstmals als neutraler Staat anerkannt. Auf Antrag Englands wird eine Resolution gegen den Sklavenhandel verabschiedet. Frankreich leistet Reparationszahlungen in Höhe von 700 Millionen Francs, verpflichtet sich, die von Napoleons Truppen in halb Europa geraubten Kunstschätze in die Ursprungsländer rückzuführen, retourniert das Saarland und andere eroberte Gebiete. Talleyrands Verhandlungsgeschick ist es zuzuschreiben, daß sein wieder von Bourbonen regiertes Land nicht als Verlierer behandelt wird.

Derlei politischer Kleinkram wurde aber wirklich nur am Rande erörtert. Viel wichtiger war, daß es dem Staatskanzler einmal mehr gelang, in der *Causa Prima* (= Tanzfrage) sein überragendes diplomatisches Geschick unter Beweis zu stellen. Schließlich stimmten die Vertreter aller Nationen nach monatelangen, harten Auseinandersetzungen Metternichs »österreichischer Lösung« zu:

1) Verhandelt wird ausschließlich in den »architektonisch beeindruckenden Räumlichkeiten des *Austria Centers* in Wien-Donaustadt« (Protokoll-Zitat).

2) Seine Majestät, Kaiser Franz I., stellt die Redou-

130

tensäle der Hofburg für gesellschaftliche Veranstaltungen zur Verfügung, weiters halten die Fürsten Metternich und Razumovsky in ihren privaten Palais Bälle und Cercles ab.

So konnte das Wort »Der Kongreß tanzt« doch noch in die Geschichte eingehen.

Und ganz nebenbei: Auch der Weltfriede war gesichert.

»Bis meine Knochen zerquetscht waren ...«

Brief einer Hexe

Margaretha Plassnitzer
Weissenegg/Kärnten

Weissenegg,
am 7. Februar 1644

Sehr geehrter Herr Markus!

Wie ich eben erfahre, planen Sie aus Anlaß der Tausendjahrfeiern Österreichs im Jahre 1996 ein Buch über die Geschichte dieses Landes zu schreiben. Ich möchte es am Vorabend meiner Hinrichtung als Hexe nicht verabsäumen, Ihnen im folgenden Brief eine kurze Darstellung meines Falles und des in meiner Zeit üblichen Hexenwahns zu geben. Schließlich sollen in Ihrem Buch ja auch die Schattenseiten unserer Geschichte nicht fehlen.

Ich bin 27 Jahre alt, stünde also, würde ich morgen früh nicht auf dem Scheiterhaufen verbrannt, in der Blüte meines Lebens. Sie und Ihre Leser werden sich fragen, wie es mit mir so weit kommen konnte. Nun, ich hatte mich in einen jungen Mann, den Sohn eines reichen Bauern aus der Nachbarschaft, verliebt. Im vorigen

Herbst beschlossen wir zu heiraten. Da ich aus ärmlichen Verhältnissen stamme und von mir daher keine Aussteuer zu erwarten war, stellte sich der Vater meines Verlobten gegen die Heirat. Um diese zu verhindern, ging Herr Rewald – so hieß der Mann, dessen Schwiegertochter ich werden sollte – zu Gericht und klagte mich an. Als Hexe!

Was hat er mir vorgeworfen? Ich hätte seinen Sohn mit Liebesschwüren in meinen Bann gezogen und dann mit einer Rübe verhext. Bei dem nun folgenden Prozeß stellte sich heraus, daß ich darüber hinaus auch Kinder gefressen, anderen Männern das Glied verzaubert hätte und regelmäßig auf einem Besen geritten sei.

Sie, Herr Markus, können sich nicht vorstellen, daß solche Anschuldigungen von einem Gericht ernst genommen werden, weil Sie in einem modernen Rechtsstaat leben, in dem Richter Beweise sammeln, Zeugen einvernehmen, Sachverständige beiziehen. Aber im Jahre 1644 ist von alldem keine Rede. Ich beteure hiermit, wie ich es schon im Prozeß getan, meine Unschuld. Es wird mir nichts helfen.

Denn seit die beiden Dominikanerpatres Heinrich Institoris und Jacob Sprenger in ihrem 1487 erschienenen Buch *Der Hexenhammer* feststellten, daß »das Weib von Natur aus schlecht ist, weil es schneller als der Mann den Glauben ableugnet, was zur Grundlage der Hexerei« wurde, ist der Verfolgung Millionen unschuldiger Frauen Tür und Tor geöffnet. Schuld an allem sei die Wollust der Frau, welche von den Autoren des Buches etwa mit dem Beispiel dokumentiert wird, sie hätten im Garten einer Hexe einen Baum gesehen, »auf dem männliche Glieder hingen«, die diese den Opfern weggezaubert habe.

Wie mir ist es fast allen Angeklagten ergangen: Jeder kann jede(n) anzeigen, die Gründe dafür sind meist durchsichtig: Will ein Landwirt billig den Hof einer Nachbarin kaufen, behauptet er, die Besitzerin sei eine Hexe. Oder: Möchte ein Mann seine Frau loswerden, weil er eine andere liebt, braucht er nur zu Gericht zu gehen – und schon wird die Ehefrau zum Tod verurteilt. Mir ist auch der Fall bekannt, daß ein Mann seine Schwester wegen Hexerei anzeigte, weil er das elterliche Erbe nicht mit ihr teilen wollte.

Natürlich stehen meist, wie auch in meinem Fall, Aussage gegen Aussage, doch das hilft den »Hexen« nichts. Vor Gericht gilt immer das Wort des Klägers, Strafverteidiger und entlastende Zeugen finden sich nur selten, da diese selbst damit rechnen müssen, als Ketzer an den Pranger gestellt oder exkommuniziert zu werden.

Im allgemeinen handeln die weltlichen Richter, die die Urteile sprechen, als verlängerter Arm der Kirche. Im tiefsten Mittelalter war der Irrglaube entstanden, wir Hexen würden durch unseren Bund mit dem Teufel die Gläubigen von Gott fernhalten. Das führte zur Inquisition.

Da ich nicht bereit war, meine »Schuld« einzugestehen, blieb mir die in unseren Tagen so berüchtigte Folter nicht erspart. Zuerst legte man mir die sogenannten »Daumenschrauben« an, das sind Instrumente, deren Einzelteile so lange zugedreht werden, bis mehrere Fingerknochen gebrochen sind. Als ich mich dann noch immer nicht schuldig bekannte, zog man an einem Strang meine Arme so lange auseinander, bis sie ausgerenkt waren. Unterdessen befestigten die Henkersknechte schwere Gewichte an meinen Zehen und träufelten siedendes Pech auf meine Haut. Zu guter Letzt wurde ich mit »Spanischen Stiefeln« gefoltert: zwei siedend heiße Eisenplatten, die aneinander geschraubt wurden, bis mein Fleisch verbrannt und die dazwischenliegenden Knochen zerquetscht waren. Diese Torturen dauerten mehrere Tage, ich schrie vor Schmerzen und verlor immer wieder das Bewußtsein.

Wie Sie sich vorstellen können, Herr Markus, fällt es mir als Folge der schweren Verletzungen, die ich durch die Foltermethoden – vor allem an meinen Händen – erlitten habe, nicht leicht, diesen Brief zu schreiben. Auch will ich Ihre Leser mit meinem Schicksal nicht länger belästigen – schließlich bin ich ja nur ein Fall von vielen Millionen, die seit der Veröffentlichung des *Hexenhammers* in Europa abgeurteilt und hingerichtet wurden. Wobei die meisten Opfer in Spanien, Frankreich und Italien zu beklagen sind, aber auch in Österreich bin ich kein Einzelfall.

Morgen wird es also bei mir soweit sein. Ich scheide erhobenen Hauptes von dieser Welt, in der ich keine Gerechtigkeit finden konnte, und verbleibe mit dem Ausdruck der vorzüglichen Hochachtung Ihre

Margaretha Plassnitzer

PS: Sie werden sich wundern, wieso ich heute schon weiß, daß Sie in 350 Jahren leben und ein Buch schreiben werden. Nun – vielleicht habe ich wirklich etwas von einer Hexe in mir.

Mozart stört Amadeus

oder Wolferl wird's nie lernen

Es war vor ein paar Jahren erst, da nahm Falco eine brandneue LP auf. Irgendwann rief der Sänger so laut, wie noch nie jemand seit Mozarts Tod diesen Namen gerufen hatte, ins Mikrophon: »Amadeus!« Da öffnete sich die Tür des Studios, und ein Herr in weißem Rüschenhemd, rotem Samtrock, schwarzer Kniebundhose und mit Mozart-Zopf trat in den Regieraum. »He, Alter«, kreischte der Studioboß, »was machst du da? Siehst du nicht, daß die rote Lampe brennt? Wir nehmen auf!«

»Was nehmt ihr denn auf?« wollte das etwas verloren wirkende Männlein wissen.

»Falcos neue LP *Rock me Amadeus*. Und jetzt ab durch die Mitte. Tschüs!«

»Amadeus?« Der Eindringling ließ sich nicht abwimmeln. »Wieso Amadeus?«

»Na, wegen der Musik von dem Oldie! Das Cover soll zeigen, daß Falco crazy ist. Mit Amadeus kommt er in die Charts!«

»Weil Falcos Cover crazy ist, kommt er in die Charts?« wunderte sich der Mann mit Perücke, obwohl er kein einziges Wort verstanden hatte.

»Was willst du hier?« brüllte ihn der Studioboß an.

»Ich bin gekommen, weil man mich gerufen hat. Dieser

Herr dort drüben«, der lästige Besucher zeigte durch die Glasscheibe des Tonstudios auf einen gutaussehenden Jüngling mit schwarzgelacktem Haar, »ja, der, der gerade diese komischen Verrenkungen macht, der hat mehrfach meinen Namen gerufen. So laut, daß ich ihn ganz oben hören konnte. Darum bin ich gekommen!«

»He, Falco«, rief der Studioboß verärgert durch die Lautsprecheranlage, »der Typ sagt, du hast ihn gerufen.«

Lässig bewegte sich Falco Richtung Regieraum und sah den kleinen Mann von oben bis unten an: »Bist du geistesgestört? Ich soll dich gerufen haben? Ausgeschlossen, ich hab' niemanden gerufen. Ich sing' nur meinen neuen Megahit: *Amadeus, Amadeus.*«

»Eben«, sagte der Alte, »ich heiße Amadeus!«

»Jeder kann Amadeus heißen«, gab Falco zu bedenken, »hier aber geht's um Mozart.«

»Ich *bin* Mozart!«

Falco war so verdutzt, daß er – was er sonst nie vor Fans oder Fremden tun würde – seine Brille aufsetzte. »Du bist Mozart? He, boys, kommt, die Pflaume will uns weismachen, daß er Mozart ist.«

»Klar«, lachte der langmähnige Gitarrist, »und ich bin Beethoven.« Jetzt lachten alle, die Falcos Ruf in den Regieraum gefolgt waren.

»Weißt du was, Mozart, setz dich ans Keyboard und spiel uns ein paar deiner alten Schnulzen«, schlug der Toningenieur vor.

»Keyboard?« fragte Mozart. »Habt ihr kein Spinett?«

»Spinett! Der spinnt!« grölte der Schlagzeuger.

In Ermangelung eines geeigneteren Instruments setzte sich Mozart ans Keyboard und erstaunte die abgebrühten Musiker in der Runde durch ein Evergreen-Medley seiner *Hochzeit des Figaro*. Als Draufgabe improvisierte er noch ein paar Takte *Kleine Nachtmusik*.

Alle starrten den Pianisten an, der von einem andern Stern zu kommen schien. »Vielleicht ist er's wirklich?« fragte einer.

»Unsinn«, protestierte Falco, »ich hab' zwar sehr laut ›Amadeus‹ ins Mikro gebrüllt, aber er kann mich doch nicht bis in' Himmel hinauf gehört haben.«

»Du vergißt mein absolutes Gehör«, erklärte Mozart. »Ihr könnt mir's glauben, Kollegen, ich bin's!«

Dann wandte er sich wieder dem Frechsten von allen zu und fragte ihn: »Und wer bist du?«

»Ich bin Falco, von Beruf so was Ähnliches wie du – ein Idol der Youngsters.«

»Und wieso singst du ein Lied, das meinen Namen trägt?« wollte Amadeus wissen, während die anderen wieder an ihre Arbeit gingen.

»Weil du ein cooler Typ bist«, zog Falco Mozart ins Vertrauen. »Du bist super für die Publicity! Mozart zieht auf der ganzen Welt, überall gibt's Mozart-Cafés, -brunnen, -plätze, -straßen, -kugeln und T-Shirts. Und ein paar Leute kennen sogar deine Musik.«

»Man kennt meine Musik? Also, das hätt' mir zu meiner Zeit passieren müssen. Da wären mir die Opernhäuser der Welt offengestanden.«

»Vergiß die Oper!« Falco machte eine wegwerfende Handbewegung, »heute mußt du einen Hit landen, nur dann machst du cash!«

»Du machst cash?« zeigte Mozart Interesse an Falcos Karriere.

»Na, was denn sonst, meine Geschäfte gehen super!«

»Besser als meine damals gingen?«

»Klar«, antwortete Falco wahrheitsgemäß, »obwohl

deine Scheiben gar nicht so schlecht sind. Aber das Marketingkonzept war miserabel!«

»Was hätt' ich denn anders machen sollen?«

»Deine Musik ist okay, aber du hast in der falschen Zeit gelebt. Nimm nur die Szene, wie du als Kind auf den Knien der Kaiserin Maria Theresia gesessen bist – daraus hätte mein PR-Agent einen Aufmacher in der *Kronen Zeitung* fabriziert.«

»Und meine Hochzeit mit Konstanze?«

»Exklusivstory in der *Bunten*!«

»Die Weltpremiere der *Zauberflöte*?«

»Eine *News*-Serie ›Mozart und die Freimaurer‹.«

»Um Himmels willen«, reagierte Amadeus entsetzt, »meine Logenzugehörigkeit ist streng geheim.«

»Reg dich nicht auf! Wir leben im Medienzeitalter, da können wir auf so was keine Rücksicht nehmen. Denk lieber daran, was wir aus deinem Verhältnis zu deiner Schwester Nannerl machen. Mit der Schlagzeile ›Inzest im Hause Mozart?‹ kriegen wir die Seite eins der *Bild*-Zeitung!«

»Muß das sein?«

»Natürlich, damit verkaufen wir eine halbe Million deiner *Jupitersymphonie*, obwohl die schon ziemlich verstaubt klingt. Infolge deiner perfekten Vermarktung können wir damit rechnen, daß sie das Mozart-Begräbnis live im Fernsehen bringen – worldwide via Satellit! Wenn die Philharmoniker auch noch dein eigenes Requiem spielen, bleibt zwischen L. A. und Casablanca kein Auge trocken. Allein von den Tantiemen der Eurovision legen wir dir die tollsten Blumenarrangements aufs Armengrab.«

»Phantastisch!« sagte Mozart.

»Was wir dringend für dich brauchen, ist ein Manager. Ohne Manager reißt du als Popstar kein Leiberl. Wenn du nicht in den *American Top Forty* bist, bei Casey Kasem oder zumindest in der ZDF-Hitparade, kannst du dir deine ganzen Songs hinten reinschieben.«

»Du glaubst, ich würde es schaffen, mit meinen Melodien in die Charts zu kommen?« fragte Mozart.

»Ach was, Melodien«, meinte Falco. »Es geht doch nur darum, wie du dich verkaufst. Die Kids müssen auf dich abfahren. Wenn man deine *Haffnerserenade* von Joesi Prokopetz arrangieren und von der *Ersten Allgemeinen Verunsicherung* instrumentieren läßt, könnte sie sogar den Qualitätsansprüchen von *Ö3* genügen. Und wenn die Teenies erst einmal geil auf dich sind, berichten sie glatt in *Small talk* von der Präsentation deiner neuen CD.«

»Das wär' echt super«, freute sich Mozart. »Dein *Amadeus*-Song muß ja auch eine ziemliche PR-Bombe für mich werden, den bringen sie doch sicher auf allen Sendern. Kannst du mir ein Stück davon vorspielen?«

»Klar, ist dir doch gewidmet!« Falco nahm Mozarts Platz am Keyboard ein, griff in die Tasten und sang in der für ihn so typischen abgehackten Weise:

Rock me Amadeus …/Er war ein Superstar/er war so populär/er war zu exaltiert/genau das war sein Flair/er war ein Virtuose/war ein Rockidol …/Rock me Amadeus/ … oh, oh, oh, a … /Amadeus, Amadeus, Amadeus, Amadeus/Rock me …

»Heiße Scheibe«, lobte Mozart, schaute aber verstört auf seinen roten Samtrock hinunter. »Ist was nicht in Ordnung mit meinem Rock?«

»>Rock< ist der Yuppie-Sound«, mußte Falco über so viel Naivität lachen, während er einen ungeduldigen Blick zur Studiouhr warf.

»Auch der Text ist ein Hammer, aber warum singst du eigentlich immer >Amadeus<?« fragte Mozart ahnungslos, wie er eben war, »würde >Wolferl< nicht besser zu mir passen?«

»He, bist du verrückt? Das wär' vielleicht ein Titel für einen Heimatfilm mit Hannerl Matz. >Wolferl< mag Samstag nachmittag im Fernsehen ziehen, aber damit kommst du nicht einmal zu Thomas Koschwitz in die *Late Night Show*. Was du brauchst, sind internationale Hits. Wie zum Beispiel meinen *Kommissar*.«

»Welchen Kommissar?«

»Der war in den US-Charts wochenlang die Number One.«

»Toll«, zeigte sich Mozart beeindruckt. »Würdest du mir Unterricht geben, damit ich so musizieren kann wie du?«

»Das wollen viele. Aber in deinem Fall könnte ich eine Ausnahme machen. Ich muß zugeben, daß du Talent hast. Wir könnten ins Geschäft kommen – gegen Erfolgsbeteiligung.«

In diesem Augenblick stürmte Markus Spiegel, der Produzent der Falco-LP, ins Studio. »He, seid ihr verrückt geworden? Wir sind hier nicht im *Seniorenclub*, wir produzieren *Amadeus*. Jede Sekunde kostet ein Vermögen.«

»Der Mann ist Mozart!« versuchte Falco zu erklären. Doch darauf konnte der Produzent keine Rücksicht nehmen. »Kein Mensch braucht Mozart. Was wir brauchen, ist *Amadeus*. Also, raus mit dem Gruftie!«

Und das war der Grund, warum es Mozart nie lernen wird.

Eine Fälschungsaffäre
im Hause Habsburg

Rudolf der Fälscher, auch der Stifter genannt

Einvernahme Rudolf des Stifters an seinem Grab im Wiener Stephansdom. Der Herzog im prachtvollen Ornat eines regierenden Fürsten.

MARKUS: Hoheit, ich sag's ganz ehrlich: Bei Ihnen kenn' ich mich am allerwenigsten aus. Im Zuge meiner Zeitreise durch die Geschichte begegneten mir viele Habsburger, gute und böse, kluge und – na ja: weniger kluge. Nur Sie bereiten mir echtes Kopfzerbrechen.

RUDOLF: Nehmen Sie ein Aspirin! Sie werden zugeben müssen, daß das, was ich der Nachwelt hinterlassen habe, mehr als ansehnlich ist. Ich gründete 1365 die Wiener Universität, die als *Alma Mater Rudolphina* immer meinen Namen tragen wird, ich ließ den Stephansdom zu dem ausbauen, was er heute ist, schuf die Grundlagen für den kulturellen und politischen Aufstieg meiner Dynastie, erwarb für Österreich die Grafschaft Tirol, bereitete die Zugehörigkeit von Triest vor, förderte Handel und Wirtschaft, sorgte für Gewerbefreiheit, reformierte das Steuerwesen …

MARKUS: Gewiß, Ihre Sozialpolitik wurde in späteren Jahrhunderten geradezu als josefinisch bezeichnet. Und doch …

RUDOLF: Und doch was? Ich war – was damals gar nicht so selbstverständlich gewesen ist – ein Fürst, der sogar lesen und schreiben konnte.

MARKUS: Verzeihung, Hoheit, aber das mußten Sie ja können, wenn ich an die pikante Fälschungsaffäre denke, die man Ihnen nachgewiesen hat.

RUDOLF *(peinlich berührt)*: Ach, jetzt sind Sie aber auf meinen dunklen Punkt gestoßen. Ihre Zeit schreckt ja nicht einmal davor zurück, über Herrschergeschlechter die Wahrheit zu verbreiten *(beruhigt sich wieder)*. Na ja, also: Richtig ist, daß ich ein paar Schriftstücke, äh ... bearbeiten mußte.

MARKUS: Sie ließen fünf Dokumente von immenser Bedeutung verschwinden und neu anfertigen, um so eine Gleichstellung des Hauses Habsburg mit den Kurfürsten des Reiches durchzusetzen.

RUDOLF: Könnten Sie Ihr Tonbandgerät einen Moment abschalten?

MARKUS *(schaltet Kassettenrecorder ab)*: Bitte sehr!

RUDOLF *(spricht etwas leiser als bisher)*: Unter uns gesagt: Was hätte ich denn tun sollen? Kaiser Karl IV. wollte doch mit dem idiotischen Gesetz, das er in der *Goldenen Bulle* niederschrieb, die Wahl der deutschen Könige neu regeln ...

MARKUS: ... Er war immerhin Ihr Schwiegervater.

RUDOLF: Das ändert nichts! Außerdem war ich fünf, als man mich mit seiner Tochter verlobte. Jedenfalls erwies sich die *Goldene Bulle* als einzige Katastrophe für das Haus Habsburg, sie war das Pergament nicht wert, auf dem sie geschrieben war. Unsere Familie wäre darin nie mehr zum Zug gekommen. In dieser Situation mußte ich mir etwas einfallen lassen.

MARKUS: Der Gipfelpunkt Ihrer Unverfrorenheit war

ja, daß Sie nicht einmal davor zurückschreckten, das *Privilegium maius* von Ihrer eigenen Kanzlei neu schreiben zu lassen. Mit der Fälschung der damals zweihundert Jahre alten Urkunde versuchten Sie den Beweis zu erbringen, daß Österreich im Reich eine bevorzugte Stellung zukäme.

RUDOLF *(zupft an seinem Bart)*: Ja, das war mein Plan. In der Wahl der Mittel kann man in der Politik nicht zimperlich sein. Immerhin ging es darum, unsere angestammten Rechte zu bewahren ...

MARKUS: ... sagen wir lieber: auszubauen! Das *Privilegium minus*, Österreichs Unabhängigkeitserklärung, haben Sie überhaupt verschwinden lassen. Es ist nie mehr aufgetaucht, wodurch Sie sich mit dem Titel Erzherzog schmücken konnten.

RUDOLF: Tja, die Sache ist leider in die Hose gegangen! Im Vertrauen gesagt, der Skandal hat mindestens so viel Aufsehen erregt wie die Geschichte mit diesen gefälschten Hitler-Tagebüchern in Ihrer Zeit. Immerhin war ich ein sehr prominenter Fälscher. Als Erzherzog!

MARKUS: Der Titel wurde Ihnen sofort wieder aberkannt, als der Schwindel aufflog. Letztlich hat Ihnen die Betrugsaffäre gar nichts gebracht. Im Auftrag des Kaisers mußten Sie auch auf die kaiserlichen und königlichen Insignien verzichten, die Sie sich mit den gefälschten Papieren erschwindelt hatten.

RUDOLF: Ja, wer konnte denn ahnen, daß die mir draufkommen würden! Im 14. Jahrhundert war doch noch keine Rede von den modernen Methoden der Kriminalistik, der Kaiser mußte ja mit der Klärung des Falles eine Mischung aus James Bond und Sherlock Holmes beauftragt haben.

MARKUS (*schaltet Kassettenrecorder wieder ein*): Wie Sie die Filmhelden unserer Zeit alle kennen!
RUDOLF: Schauen Sie, ich ruhe jetzt seit über sechshundert Jahren im Dom zu St. Stephan. Was glauben Sie, wie viele Kinos wir hier in der Gegend haben ...
MARKUS: Sie wurden im Stephansdom bestattet, obwohl nicht einmal die Rechtmäßigkeit Ihrer Regentschaft gesichert ist. Man munkelte, daß Ihr Vater, Herzog Albrecht der Lahme, gar nicht zeugungsfähig gewesen sei.
RUDOLF: Tratsch und Klatsch aus dem Mittelalter. Meine Mutter hat elf Kindern das Leben geschenkt!
MARKUS: An der Echtheit Ihrer Mutter zweifelt ja niemand. Aber Ihre Zeitgenossen wunderten sich, daß die Ehe Ihrer Eltern fünfzehn Jahre kinderlos geblieben war, ehe Ihre Frau Mama dann plötzlich, trotz der schweren Polyarthritis ihres Mannes, ein Kind nach dem anderen gebar.
RUDOLF (*immer nervöser*): Mein Vater ließ die Verleumdungen von den Kanzeln herab dementieren ...
MARKUS: ... was den Gerüchten nur neue Nahrung verlieh.
RUDOLF (*wischt sich den Schweiß von der Stirn*): Hören Sie, dieses Verhör regt mich fürchterlich auf! Ich bin Jahrgang 1339 – in meinem Alter hat man ein Recht darauf, ein wenig geschont zu werden – ... Ich habe Ihnen vorhin ein Aspirin empfohlen, jetzt würde ich selbst eins brauchen. Haben Sie eins übrig?
MARKUS (*einlenkend*): Ach was, vergessen wir die alten Geschichten. In unserer aufgeklärten Zeit spielt's doch überhaupt keine Rolle mehr, ob man ehelich geboren wurde oder nicht. Und auch die Fälschungsaffäre kann Ihnen nichts von dem nehmen, was Sie geschaffen

haben. Bleibende Institutionen wie Stephansdom und Universität verhalfen Ihnen schließlich zum Beinamen »Rudolf der Stifter«.

RUDOLF: Der Stifter? Davon hab' ich noch nie was gehört.

MARKUS: Können Sie gar nicht! Sie verdanken diese späte Ehrung einem Irrtum des 18. Jahrhunderts. Damals entdeckte man eine in den Dom gemeißelte Inschrift »fundator«, also »Gründer«, die man fälschlich auf Sie bezog. In Wahrheit wurde damit, wie wir heute wissen, ganz allgemein die Gründung der Kirche und des Kapitels bezeichnet. Dennoch ist Ihnen der Beiname geblieben.

RUDOLF: Also hat mich die Geschichte rehabilitiert?

MARKUS: Keine Sorge, Hoheit, Sie haben eine blütenweiße Weste, Ihr Leumund ist okay. Abgesehen davon gelten strafbare Handlungen wie Ladendiebstahl, Bankraub und Dokumentenfälschung heutzutage schon nach einiger Zeit als verjährt.

RUDOLF: Schon nach sechshundert Jahren?

MARKUS: Schon nach fünfhundert!

RUDOLF: Danke, jetzt geht's mir wieder besser. Sie können Ihr Aspirin behalten.

Strafanzeige

gegen Herrn Georg Franz Kolschitzky, Cafétier

An die
Staatsanwaltschaft Wien
Landesgericht für Strafsachen
1080 Wien

Anzeiger: Georg Markus
1010 Wien,
vertreten durch
Rechtsanwalt Dr. Adolf Kriegler
1010 Wien

Beschuldigter: Georg Franz Kolschitzky
Cafétier
Stock-im-Eisen-Platz
1010 Wien
dzt. Zentralfriedhof

Der Anzeiger bringt der Staatsanwaltschaft Wien hiermit nachstehenden Sachverhalt zur Kenntnis: Herr Georg Franz Kolschitzky, Kaufmann, rel. Bekenntnis griechisch-orthodox, geboren 1640 in Sambor/Ostgalizien, (nähere Daten unbekannt), verstorben am 20. Februar 1694 zu Wien, bezeichnete sich als »Wiens erster Kaffeesieder«, wodurch er sich laufend finanziellen Vorteil verschaffte.

Herr Kolschitzky, eigentlich Kulczyski, eröffnete einer weitverbreiteten Legende zufolge im Jahre 1686 in der Wiener Domgasse 6 eine Kaffeeausschank (die wegen des großen Zulaufs bald in ein größeres Lokal am Stock-im-Eisen-Platz übersiedelte). Er behauptete, »Wiens erster Kaffeesieder« zu sein, obwohl ihm bekannt sein mußte, daß es in Wien vor ihm nachweislich zwei Kaffeesieder gab, nämlich:

1. Herrn Dimetrius Domasy, der bereits 18 Jahre vor Kolschitzky, nämlich am 6. Juli 1668 als Cafétier konzessioniert war, und
2. Herrn Johannes Diodato, der zur Zeit der zweiten Türkenbelagerung (1683) »die freyheit erhalten, den Caffe in einem offenen Gewölb ausschäncken zu mögen«. Herrn Diodatos Kaffeeausschank befand sich auf der Rotenturmstraße.

Durch obige Verhaltensweise liegt eine Schädigung der Herren Domasy und Diodato, hervorgerufen durch Herrn Kolschitzky, auf der Hand. Es wird daher ersucht, ein Strafverfahren nach § 146 ff. des StGB [Betrug] einleiten zu wollen. In Anbetracht der wahrscheinlichen Schadenshöhe besteht sogar der dringende Tatverdacht, einen schweren Betrug § 147 gewerbsmäßig [§ 148] begangen zu haben [Strafsatz bis 10 Jahre].

Der Kläger stellt ausdrücklich fest, daß er die sonstigen Verdienste des Herrn Kolschitzky, insbesondere jene im Zuge der Befreiung Wiens während der 62 Tage dauernden Belagerung durch das Osmanische Reich, keineswegs in Abrede stellen möchte.

Herr Kolschitzky war 1665 als Hilfsdolmetsch des türkischen Botschafters Mehmed Pascha nach Wien gekommen, wo er sich nach Beendigung des diplomatischen Dienstes als Orientwaren-Importeur niederließ und die Tochter eines Wiener Reitknechts heiratete. Während der zweiten Türkenbelagerung als kayserlicher Hofkurier und Türkisch-Dolmetsch im Auftrag Kaiser Leopolds I. tätig, gelang es ihm am 13. August 1683 den Belagerungsring der Osmanen zu durchbrechen und ins feindliche Lager einzudringen. Das Ergebnis seiner dort erfolgten Spitzeldienste, behauptete Kolschitzky, hätte die Türken zum Abzug bewogen.

Er war zwar nicht der einzige Kundschafter, der zur Aufgabe der Armee Kara Mustafas beitrug, doch verstand er es meisterhaft, durch ein selbst hergestelltes Flugblatt für die eigene Person zu werben. Darin ließ er sich als »Held von Wien« feiern, wodurch bei der Bevölkerung der Eindruck entstand, nicht die Heerführer – allen voran Herzog Karl V. von Lothringen und Polens König Johann Sobieski – hätten die Osmanen in die Flucht geschlagen, sondern er, Georg Franz Kolschitzky. Er war es auch, der die Legende in die Welt setzte, die Türken hätten, als sie am 12. September Wien fluchtartig verließen, dreihundert Säcke »mit graugrünen Bohnen« hinterlassen. Diese seien Kolschitzky vom Bürgermeister der Stadt Wien in Anerkennung seiner Verdienste geschenkt worden. Die Kaffeebohnen wurden dann zur Grundlage seines Gewerbebetriebes, in dem er selbst – stets in türkischer Kleidung – »als Wiens erster Kaffeesieder« türkischen Kaffee braute und ausschenkte. Was nachgewiesenermaßen in dieser Form nicht der Fall gewesen sein kann.

Ich ersuche die erforderlichen Schritte einleiten zu wollen, wobei ich auf die Dringlichkeit wegen der Gefahr des Entzugs des Beschuldigten aus der irdischen Gerechtigkeit verweise.

Infolge der tatsächlich erworbenen Verdienste des Herrn Kolschitzky als Angehöriger der kaiserlichen Armee beantragt der Anzeiger jedoch, daß die nach dem Beklagten benannte Kolschitzkygasse in 1040 Wien ihren Namen ebenso behält wie das in der Favoritenstraße 64 befindliche Kolschitzky-Denkmal erhalten bleiben soll. Dies würde auch im Falle einer eventuellen Verurteilung des Herrn Kolschitzky in der anhängigen Causa gelten.

Georg Markus   Wien, am 26. Juni 1995

»Wir sind der Meinung«

Die (ganz) große Koalition

Abendlicher Spaziergang über den Wiener Zentralfriedhof. Beim Zweiten Tor, dort, wo die Großen der Republik ihre letzte Ruhe fanden, hört man ein Rascheln im Herbstlaub, das von geheimnisvollen Stimmen untermalt wird. Plötzlich erkenne ich zwei vertraute Gesichter. Da lehnen doch glatt die Architekten unserer Republik leger am Sockel ihrer – einander benachbarten – Ehrengräber. Und plaudern seelenruhig miteinander.

»Meine Herren«, wundere ich mich, »was machen denn Sie da?«

»Große Koalition«, sagt der Ältere. »Gestatten, Figl, Bundeskanzler. Und der Herr neben mir ist der Kreisky, mein Vizeka–«

»Moment, Moment«, entgegnet der zweite, »so geht's net, ja. Immerhin bin ich von der mandatsstärkeren Fraktion.«

»Daß ich nicht lache«, lacht Figl, »die Roten sollen die mandatsstärkere Fraktion sein? Soweit mir zuletzt berichtet wurde, hat meine Volkspartei 1966 die absolute Mehrheit geschafft. Und seither wird ja nicht so viel passiert sein.«

»Gehn S', Herr Redakteur«, fordert Kreisky mich auf, »sagen S' dem Ingenieur Figl einmal die aktuellen

Daten, damit er sieht, wer Anspruch auf den Kanzler hat, ja.«

»Der Doktor Kreisky hat schon recht ...«, kann ich gerade noch einleiten, werde aber von Figl abrupt unterbrochen.

»Sie wollen mir doch net erzählen, daß meine übermächtige ÖVP nicht mehr die stärkste Kraft im Lande ist?« Während Figl ein Flascherl vom *Kremser Wachtberg*, seinem Lieblingswein, öffnet, weist mich Kreisky, der offensichtlich über die aktuelleren Informationen verfügt, mit einer Handbewegung an, weiterzureden.

»Richtig ist, daß die Sozialisten seit 1970 den Bundeskanzler stellen«, sage ich.

»In meiner Glanzzeit als Sonnenkönig hatten wir 51 Prozent«, bestätigt Kreisky. »Und wie ich mich 1983 zurückgezogen hab', waren's immerhin noch 48. Na, was sagen S' jetzt, Kollege Figl?«

Der sagt gar nichts, hält sich nur fassungslos an seinem Grabstein fest und nimmt einen kräftigen Schluck vom *Kremser*.

Kreisky blickt staatsmännisch Richtung Himmel und streicht durch seinen weißen Rauschebart.

»Bevor Sie sich zu früh freuen«, muß ich nun diesen in seinem Höhenflug einbremsen, »auch Ihrer Partei geht's nicht besonders gut.«

»Wir werden doch net weniger Prozentpunkte haben als 1983, als ich mein unglückseliges Mallorca-Paket erfunden hab'.«

»O ja.«

»47 Prozent? Oder gar 46?« Ungläubig schaut Kreisky zu mir herüber. »Doch net 45?«

»35«, bekenne ich, »um es ganz präzise zu sagen: 35,2 ...«

Endlich kann Figl ein wenig schmunzeln, doch jetzt fällt mir die unangenehme Aufgabe zu, auch seinen Überschwang zu dämpfen: » ... und die ÖVP liegt bei 27,7.«

Die beiden Monumente sehen einander ratlos an. »Ja Himmelkruzitürken«, explodiert Figl, »da haben wir ja bald nur noch halb soviel wie zu meiner Zeit.«

Kreisky findet nach einer Schrecksekunde wieder zu sich. »Auch wenn alles relativ ist, wir sind halt doch die Stärkeren. Also bin i der Regierungschef.«

Figl hat nicht mehr die Kraft zu widersprechen. »Gut«, sagt er nur leise, »dann mach i den Vize.« Er öffnet eine neue Flasche vom *Kremser Wachtberg*, und die beiden Staatsmänner sel. prosten einander zu, um die neue Koalition zu feiern.

»Ich bin der Meinung ...«, erklärt Kreisky.

»Ich auch«, sagt Figl.

»Moment, des g'hört mir, Herr Kollege, ja. Also: Ich bin der Meinung, daß die Österreicher, wie ich das früher schon deponiert hab', wieder ein Stück des Weges mit mir gehen sollen.«

»Derzeit gehen viele mit einem anderen«, erkläre ich.

»Mit wem denn?«

»Einem gewissen Haider.«

»Wer is des?« fragt Figl.

»Der Chef der Freiheitlichen.«

»Was, die paar Mandln von der FPÖ? Die können uns doch nix anhaben.«

»Na ja«, wende ich ein, »die F-Bewegung, so heißen sie jetzt, hat 22 Prozent.«

»Dann ist mir ja die Spaltung des bürgerlichen Lagers gelungen«, feixt Kreisky.

»Das schon«, gebe ich zu bedenken, »nur hat die F auch

die Roten gespalten – dort räumen sie genauso ab wie bei den Schwarzen.«

Der alte Fuchs nimmt die Brille ab, putzt seine Gläser mit einem großen weißen Tuch und fährt grantig fort: »Wahrscheinlich hat es dieser Haider verstanden, die Wähler zu mobilisieren, die für die Europäische Gemeinschaft sind. Die Freiheitlichen waren ja immer schon für den Beitritt Österreichs, während wir aus Tradition dagegen sind.«

»Die Welt hat sich verändert, Herr Doktor Kreisky. Heut' sind die Roten dafür, und der Haider ist dagegen.«

»Also, i versteh' überhaupt nix mehr. Wo bleibt denn die Ideologie?«

»Das Wort wurde ersatzlos gestrichen.«

»Wollen Sie damit sagen, daß keiner mehr die Sozialistische Internationale singt?«

»O ja, vor kurzem erst hat sie der Chef der Volkspartei gesungen.«

»Unser Parteichef?« Schreckensbleich zeigt Figl zu seiner Gruft hinunter: »Also, wenn i jetzt da drin wär', müßt' i mi' glatt im Grab umdrehen. Wie konnte der Mann als Parteichef überleben?«

»Gar nicht«, informiere ich ihn. »Aber welcher Obmann hat denn je in Ihrer Partei überlebt? Meist wurde doch schon am Tag seiner Nominierung am Sessel gesägt.«

»Stimmt«, bestätigt Figl, »das war schon bei mir so. Auch mich hat mein bester Freund, der Julius*, abgeschossen.«

---

* Julius Raab

Figl beruhigt sich relativ rasch und will jetzt wissen, »wie es dem Budget geht.«

»Nicht sehr gut«, antworte ich. »Die Regierung mußte wegen des hohen Defizits ein Sparpaket verabschieden.«

»Haben s' wieder zuviel aus'geben, meine Nachfolger«, mischt Kreisky sich ein.

»Also eigentlich«, wage ich einzuwenden, »begannen die Schulden doch schon in Ihrer Zeit zu explodieren.«

Jetzt wird er grantig. »Ich werd' Ihnen was sagen: Lernen Sie Geschichte, Herr Reporter, ja! Mit dem Defizit hab' i nix zu tun.« Leise, fast unhörbar, brummt er dann noch in seinen Bart: »Des war der Androsch.«

»Lassen wir doch das kleinliche Gezänk«, schlage ich den beiden Altkanzlern vor. »Mich würde interessieren, ob Ihnen der Ballhausplatz fehlt.«

»Überhaupt nicht«, sagt Kreisky, »wer braucht denn die Niederungen der Tagespolitik.«

Und Figl fügt an: »Derzeit sind wir auf Ferien.«

»Ferien?«

»Ja, wir haben das himmlische Reisearrangement *Heut kommen d'Engerln auf Urlaub nach Wean* gebucht und sind für ein paar Tage auf die Welt heruntergestiegen.«

»Sehr lang könn'ma eh net bleiben«, meint Kreisky.

»Warum?«

»Wir müssen oben so viel reformieren. Ich hab' eine Kommission gebildet, in der ich Gott und der Welt meine Ratschläge erteil'.«

»Was soll denn dort oben reformiert werden?« bohre ich.

»Eigentlich alles«, gibt Kreisky bekannt. »Der Himmelvater hat so viel zu tun, daß er mich gebeten hat, ihn a bißl zu unterstützen. Ich hab' Schülerfreifahrten und

156

Mutter-Kind-Paß eingeführt und kümmer' mich um die Vollbeschäftigung im Himmel.«

»Als Konservativer hab' ich natürlich die besseren Beziehungen zum Chef«, flüstert mir Figl zu. »Ich werde Sein Reich zu einem souveränen, unabhängigen und demokratischen Paradies mit immerwährender Neutralität umgestalten, so daß ich eines Tages ausrufen kann: ›Der Himmel ist frei!‹ Und dann kann zum ersten Mal im Jenseits gewählt werden. Da wird er schön schauen, der Doktor Kreisky …«

»Warten S' es ab, Herr Ingenieur.«

Beruhigt verlasse ich den Zentralfriedhof. Die beiden Alten sind die Alten geblieben.

König Ottokars Glück
und kein Ende

*oder Wie uns die Habsburger
wirklich eroberten*

Dummerweise war Franz Grillparzer mit seinem fast gleichnamigen Trauerspiel dem nun folgenden Exklusivbericht zuvorgekommen. Kunststück, wenn einer 150 Jahre vor mir zur Welt kommt, kann er leicht schneller sein beim Schreiben.

Fest steht, daß es am 25. November 1276 in Wien zu einer höchst unerfreulichen Zusammenkunft zwischen den Königen Przemysl Ottokar und Rudolf von Habsburg kam, nachdem Ottokar die Stadt Wien kampflos dem Erzfeind hatte überlassen müssen. Da der Dichterfürst den exakten Wortlaut des königlichen Gesprächs nicht erahnen konnte, bleibt es mir vorbehalten, den im Lager des Siegers geführten Dialog zu veröffentlichen.

»Nehmen Sie Platz, Herr Przemysl«, sagte der mit einem schlichten grauen Wams bekleidete König Rudolf höflich, als er des schwer angeschlagenen böhmischen Kollegen ansichtig wurde. Doch »Platz nehmen« bedeutete nicht, daß Ottokar sich setzen durfte, er mußte, dem strengen Zeremoniell gehorchend, vor dem ranghöheren deutschen König niederknien.

»Haben Sie eine Zigarette?« fragte Przemysl nervös.

»Die ist doch noch gar nicht erfunden«, bedauerte der Habsburger, »Kolumbus wird sie 1492 aus Amerika mitbringen.«

»Schade«, meinte Przemysl Ottokar, »nach viermonatigem Feldzug hätte ich Lust auf eine *Marlboro*.«

»Worauf Sie Lust haben, interessiert mich nicht«, entgegnete Rudolf schroff. »Ich informiere Sie hiermit, daß Sie mit heutigem Tag Österreich, Steiermark, Kärnten und die Krain verloren haben ...«

»... weil meine Krieger in Scharen zu Ihnen übergelaufen sind.«

»Kein Mensch wird je danach fragen, *warum* Sie verloren haben. Obwohl Sie am Boden zerstört sind, sollen Sie mich von meiner großzügigen Seite kennenlernen. Sie dürfen das Königreich Böhmen und die Markgrafschaft Mähren behalten.«

»Herr Kollege«, reagierte Ottokar gereizt, »ich nehme von Ihnen keine Almosen. Sie werden sich erinnern, daß ich nicht einmal Ihre Wahl zum deutschen König anerkannt und Ihnen daher die dazugehörende Huldigung verweigert habe. Ich sehe mich nach wie vor als rechtmäßigen Herzog von Österreich.«

»Woher glauben Sie dieses Recht ableiten zu können?«

»Wie Ihnen bekannt sein dürfte«, sagte Przemysl Ottokar, »habe ich am 11. Februar 1251 in der Burgkapelle zu Hainburg Margarethe, die Königinwitwe und Schwester des letzten Babenbergers Friedrich II., geehelicht.«

»Na ja, Liebesheirat dürfte es keine gewesen sein, sie war mehr als doppelt so alt wie Sie.«

»Das spielt keine Rolle, jedenfalls konnte ich auf diese Weise meine Herrschaft in Österreich legitimieren.«

»Ja, und nach zehnjähriger Ehe«, erwiderte der Habsburger, »ließen Sie sich scheiden, um die Enkelin des ungarischen Königs vor den Traualtar zu führen. Ein billiger Schachzug, mit dem Sie Ihren Machtbereich weiter vergrößern konnten.«

»Sie haben's notwendig, mir etwas vorzuhalten! Gerade Ihr Geschlecht wird später wie kein anderes in der Geschichte seine Macht durchs Heiraten ausbauen.«

»Ich bin nicht bereit, mit Ihnen über die Heiratspolitik meiner Kindeskinder zu verhandeln. – Sie lehnen also meine Vorschläge ab, obwohl ich Ihnen freundlicherweise Böhmen und Mähren als Lehen anbiete. Was Sie tun, ist in unserer Branche absolut unüblich. Ein König, der einen Krieg verliert, hat das Diktat des Siegers anzunehmen, ob ihm das paßt oder nicht.«

»Sie vergessen, daß wir immer noch bessere Raubritter sind«, erhob Przemysl Ottokar die Stimme, »ich muß daher keine Rücksicht auf Fairneß und gute Sitten nehmen.«

Verärgert gab König Rudolf ein Zeichen, daß er das Gespräch zu beenden wünschte. Przemysl erhob sich von seiner knienden Position und prophezeite: »In knapp zwei Jahren, genauer gesagt am 26. August 1278, sehen wir uns im Marchfeld wieder. Und dann gnade Ihnen Gott.«

König Ottokar sollte sich irren. Zwar stimmte das Datum der kriegerischen Begegnung auf den Tag genau, doch war er es, der in der angekündigten Schlacht bei Dürnkrut fallen sollte. Die Allmacht des Hauses Habsburg war nicht mehr aufzuhalten.

»Hoch Österreich, Habsburg für immer!« heißt es bei Grillparzer.
»Nebbich für immer!« sagte Kaiser Karl I., als er am 11. November 1918 in Schloß Schönbrunn abdankte.

Von der Hofoper
in die Großfeldsiedlung

Ein Architekt bereut

Die Gruppe umfaßte etwa dreißig Personen – meist Touristen –, die eine Führung durch die Wiener Staatsoper gebucht hatten. »Meine Damen und Herren, Sie befinden sich in einem der bedeutendsten Opernhäuser der Welt«, setzte der Fremdenführer an. »Wir stehen auf jener Bühne, auf der Caruso, die Jeritza, Leo Slezak und auch die Götter unserer Tage, die Baltsa, Pavarotti, Carreras, Domingo gestanden sind.« Wie alle Teilnehmer der Exkursion war ich von den imposanten Räumlichkeiten des Kunsttempels, die die Einheit aus Architektur und Musik so vortrefflich unter Beweis stellen, überwältigt. Wir durchquerten das marmorne Foyer mit den Fresken Moritz von Schwinds und schritten über die prunkvolle Stiege in den mattgold und rot gehaltenen Zuschauerraum, hinauf zu den vier Logenrängen. Plötzlich, irgendwo in den amphitheatralisch ansteigenden Galerien, dämpfte der gerade noch so fröhlich plaudernde Führer seine Stimme: »Die beiden Architekten, die dieses Juwel geplant und errichtet haben, wurden zu Opfern ihrer Baukunst. Sie starben auf tragische Weise.« Ein Raunen ging durch die Reihen der Besucher. »Warum das?« wollte einer aus Kassel wissen,»why, pourquoi, perché, porque ...?« fragten andere. »Es ist eine traurige Geschichte«, erklärte der Führer. »Die Architekten Eduard van der Nüll und August von Siccardsburg hatten das Hofoperntheater auf Wunsch Kaiser Franz Josephs als Glanzpunkt der neuen Ringstraße entworfen. Doch die Wiener verspotteten es noch vor seiner Fertigstellung, unter anderem, weil das Straßenniveau des Opernrings um einen Meter höher war als die Torbogen der Oper. Selbst der sonst so zurückhaltende Kaiser nannte das Haus eine ›versunkene Kiste‹. Das alles war dem ohnehin zu Melancholie neigenden van der Nüll zuviel. Er nahm sich das Leben. Zwei Monate später brach sein Kompagnon Siccardsburg, vom Herzschlag getroffen, über seinem Schreibtisch zusammen. Er hatte das schreckliche Ende seines besten Freundes nicht verwinden können.«

Während die Besucher der Staatsopern-Führung aufgrund der schockierenden Nachricht lauthals diskutierend die langen, schmalen Logengänge durchquerten, beobachtete ich einen bedächtig das Gebäude inspizierenden Herrn, den das Innenleben des Hauses aus einem ganz anderen Blickwinkel zu interessieren schien.

Mit sicherem Instinkt identifizierte er mich als den einzigen Wiener in der Gruppe und fragte mich, wo denn der alte, von Carl Rahl gestaltete Bühnenvorhang geblieben sei. Ich antwortete, daß er bei einem Bombenangriff im März 1945 ein Raub der Flammen wurde. Gleichzeitig konnte ich nicht umhin, ihm die Gegenfrage zu stellen, wieso er sich hier so gut auskenne.

»Weil ich das Haus gebaut habe«, antwortete der Mann.

»Ich bitte Sie, das Haus hat Herr van der Nüll gebaut.«
»Der bin ich. Ich wollt's mir nach so vielen Jahren noch
einmal anschauen, es interessiert mich, ob es wirklich so
schrecklich ist, wie alle Welt sagte.«
Verblüfft betrachtete ich den Herrn mit Schnurrbart
und ovaler Brille. Tatsächlich war die Ähnlichkeit mit
dem Reliefbild des Erbauers, das ich vor wenigen
Minuten im Stiegenaufgang betrachtet hatte, nicht zu
übersehen.
Nun nahm ich die Gelegenheit wahr, um aus erster
Hand zu erfahren, wie es denn um Himmels willen zu
der Tragödie gekommen sei. »Sie haben dieses wunderbare Gebäude errichtet, hätten dafür gefeiert und mit
höchsten Orden überschüttet werden müssen. Aber
statt dessen haben Sie dafür Ihr Leben gelassen?«
»Sie wissen nicht«, sagte der Architekt, »was für eine
Hetze damals losbrach. Als einen ›in der Verdauung lie-
genden Elefanten‹ haben sie unser Haus bezeichnet
und als ›Königgrätz der Baukunst‹. – Die Ringstraße
war ja als Zusammenfassung verschiedener Architek-
turepochen geplant, aber die Wiener machten sich nur
lustig darüber: *Siccardsburg und van der Nüll / die haben
beide keinen Styl / Griechisch, Gotisch, Renaissance /
des is denen alles ans.*«
Dabei hatte man die Vorwürfe an die falsche Adresse gerichtet, beklagte der Architekt, »denn der romantisch-
historisierende Stil war auf ausdrücklichen Wunsch des
Kaisers gewählt worden. Und die Fahrbahn der Ringstraße hat man erst nach Beginn der Bauarbeiten ohne
unser Wissen angehoben. Die Fehlplanung des Ober-
sten Hofbauamtes wurde dann Siccardsburg und mir
in die Schuhe geschoben. – Na ja, Sie wissen ja, wie es
einem in Wien so ergehen kann.«

164

Van der Nüll senkte sein Haupt und sprach weiter.»Am 3. April 1868 hielt ich den ungerechten Anfeindungen nicht länger stand. Da erhängte ich mich in der Wohnung meines Partners Siccardsburg in der Windmühlgasse.«

»Schrecklich«, sagte ich.»So konnten Sie nicht miterleben, wie dieses Theater zur Stätte gigantischer Triumphe wurde, Ihr Opernhaus zählte bald zu den wichtigsten der Welt. Es wurde am 25. Mai 1869 in Anwesenheit des Kaisers mit Mozarts *Don Giovanni* eröffnet. Nicht zuletzt dank der von Ihnen geschaffenen einzigartigen Akustik standen an diesem Pult die größten Dirigenten ihrer Zeit – Gustav Mahler, Richard Strauss, Clemens Krauss, Herbert von Karajan, Karl Böhm und Lorin Maazel, die alle auch Direktoren des Hauses waren.«

»Wie erfreulich«, sagte van der Nüll.»Dabei war die Oper gar nicht das einzige Bauwerk, das Siccardsburg und ich errichtet haben. Wir planten auch Arsenal, Altlerchenfelder Kirche und etliche Wiener Palais' … – aber weil wir grade drüber reden, was ist denn aus unserem Carltheater und unserem *Haas-Haus* am Stephansplatz geworden?«

»Die wurden durch moderne Bauten ersetzt«, sagte ich.

»Tja, die Kollegen von heute bauen sicher viel schöner als wir damals?«

Ich drückte mich vor der Antwort und lud ihn statt dessen ein, mich bei einer Rundreise mit dem vielversprechenden Titel *Neues Wien* zu begleiten.

Herr van der Nüll – trotz des holländisch klingenden Namens ein waschechter Wiener – war sofort einverstanden. Wir verließen die Oper durchs Bühnentürl, womit ich ihm mit einiger Mühe den Anblick des gegenüberliegenden Opernringhofs ersparen konnte, spazierten über Schleichwege zum nahen Rathaus und bestiegen einen dort wartenden Bus, der uns in die Außenbezirke unserer geliebten Stadt beförderte.

Am Matzleinsdorfer Hochhaus vorbei gelangten wir über das neue AKH und mehrere im »Emmentalerstil« gehaltene Gemeindebauten aus den 50er und 60er Jahren zu der von Meister Hundertwasser bunt angekleckten Müllverbrennungsanlage an der Spittelauer Lände; man zeigte uns Ringturm und Stadion, wir fuhren über die neue Reichsbrücke zur UNO-City, ehe man uns – sozusagen als Höhepunkt der (Tor)tour – mit den architektonischen Glanzlichtern der Großfeldsiedlung vertraut machte.

Eduard van der Nüll sah während der zweistündigen Rundfahrt durch die Fenster des Autobusses und sprach kein Wort. Nun war es an mir, am Ende die entscheidende Frage zu stellen, wie ihm das *Neue Wien* gefalle.

Der sensible Künstler nahm seine Brille ab, als wollte er nicht glauben, was er da – abseits des von ihm mitgeprägten Ringstraßenstils – gesehen hatte. »Also, wenn ich damals schon gewußt hätte, wie die Herren Architekten nach uns bauen würden ...« – es folgte eine kurze Gedankenpause.

» ... Was«, fragte ich atemlos, »was, Herr van der Nüll, wäre dann gewesen?«

»Wenn ich das gewußt hätte ...«, betonte er noch einmal,

» ... ja?«

» ... dann hätt' ich mich wegen meiner Oper sicher nicht umgebracht, ganz sicher nicht.«

Ich konnte ihn verstehen.

»Mundl« beim Kaiser

Ein Wiener Original verirrt sich ins
Spanische Hofzeremoniell

Während literarische Schöpfungen üblicherweise nie gelebt haben, verhält es sich bei Edmund »Mundl« Sackbauer anders. Wer Wien kennt, weiß, daß es ihn irgendwo in dieser Stadt gibt. Mundl ist zeitlos, es gibt ihn heute, es gibt ihn morgen. Und es gab ihn gestern. Ich war Zeuge, als er sich in die Wiener Hofburg verirrte und dort ausgerechnet mit dem strengen Spanischen Hofzeremoniell des Hauses Habsburg in Konflikt geriet ...

DIE PERSONEN:
Edmund Sackbauer. Literarische Schöpfung von Ernst Hinterberger. Derzeit arbeitslos. Bekleidet mit großkariertem Sportsakko, pinkfarbener Krawatte; in der Hand eine prallgefüllte Aktentasche.
Kaiserlicher Page. Junger Lakai in Hoftracht. Kurze, dunkle Trikothose, weiße Strumpfhosen.
Obersthofmeister. Beamter des Kaisers, verantwortlich für die Einhaltung des Hofzeremoniells. Trägt Wams mit weißem Tellerkragen.
Kaiser Leopold I. 64 Jahre alt, prägnantes Aussehen durch die typische »Habsburger-Lippe«. Bekleidet mit hüftlangem Mantel (»Capa«), schwarzer Kniehose, Seidenstrümpfen, schmalem, sehr spitzem Schuhwerk. Lange, stark gelockte Perücke.

Es war an einem späten Maitag des Jahres 1704, als
Herr Sackbauer beschloß, Seiner Majestät, dem Kaiser, einen Besuch abzustatten. In letzter Zeit war einfach zuviel zusammengekommen: Die Arbeitslosen-
unterstützung war gekürzt und die Miete erhöht worden, Sohn Karli wollte sich scheiden lassen, und auch
der eigene Hausfrieden hing wieder einmal schief. In
dieser Situation sah Mundl keine andere Möglichkeit,
als bei der höchsten Autorität des Staates vorzusprechen. Am Portier der Hofburg vorbei, der gerade für
einen Moment auf die Toilette gegangen war, gelangte
Edmund Sackbauer problemlos in das Vorzimmer des
Allerheiligsten, wo er vorerst einem kaiserlichen Pagen
in die Arme lief.

PAGE *(kapriziös tänzelnd. Erschrickt, als er Mundl sieht)*:
Mon dieu, was macht er da, wie kommt er hier her, was
ist er für ein Subjekt?
MUNDL: Sub– was? Gestatten, Sackbauer mein Name.
I wü zum Kaiser!
PAGE *(schockiert)*: Er wü? Parvenü! Als solcher weiß er
wohl nicht, wer nach den strengen Gesetzen des Hofzeremoniells Zutritt zu den kaiserlichen Gemächern hat
und wer nicht.
MUNDL: I hör' allerweil Hofzere– Des kummt ma direkt
spanisch vur.
PAGE: Ist es auch, guter Mann! *(versucht sich durch ein
parfumgetränktes Flacon an den Schläfen zu erfrischen)*
Das Haus Habsburg hat im Jahre 1548 das Spanische
Hofzeremoniell übernommen, um mit dessen Vor-
schriften vor aller Welt das Gottesgnadentum, aber
auch Macht, Glanz und Würde des Herrschers zu do-
kumentieren. Und dieses Zeremoniell besagt, daß zur

Audienz nur erscheinen dürfe, wer »hoffähig« sei, also über mindestens sechzehn adelige Urgroßmütter – acht auf jeder Seite – verfüge ...

MUNDL: ... Na, soviel hab' i leider net in meiner Familie ...

PAGE: ... weiters sind Minister, Kardinäle, Ratsherren und die akkreditierten Gesandten befreundeter Königshäuser zugelassen. Zutritt zu den Allerhöchsten Privatgemächern haben nur einige wenige der dreihundert Hofbediensteten, die um das persönliche Wohl Seiner Majestät bemüht sind, darunter Seine Exzellenz, der Obersthofmeister, der Sommeiller du Corps und der Ecuyer de Chambre ...

MUNDL: ... der Ecu– was?

PAGE: Der Kammerjunker. Das bin ich.

MUNDL: Also paß auf, Herr Junker! Jetzt gehst da eine zur Majestät *(Mundl zeigt auf die imposanteste der vielen Flügeltüren)* und sagst eahm, der Mundl is da. Hast mi?

PAGE *(einer Ohnmacht nahe)*: Wie redet er, weiß er denn nicht, wo er sich befindet?

MUNDL: Klar, beim Hof bin i. Aber brauchst net glauben, daß si' da Mundl deswegen in die Hos'n scheißt. I war scho amoi bei unsern Prokuristen in der Firma, und von da waaß i, wia ma si' aufführt bei die hochen Herrschaft'n. Also, Marsch, Marsch, eine zum Kaiser!

PAGE *(stellt sich vor die große Flügeltür)*: Ich kann doch da nicht einfach hineingehen! Das Zeremoniell schreibt genau fest, daß die Bediensteten der Camera nur auf Befehl Seiner Majestät eintreten dürfen.

MUNDL *(aufbrausend)*: A Kamera habt's da? Ah, es tuat's mi filmen? Und dann zagt's es in die *Seitenblicke*, damit die ganzen Trotteln von der Zwarerstiag'n seh'n,

169

daß da Mundl beim Kaiser war? *(wild gestikulierend)* Des könnt's mit mir net machen. Wenn's net glei die Linsen zuamacht's, hau i dem Kameramann ane eine, daß eahm vierzehn Tag der Schädel wackelt.

PAGE *(völlig verschreckt)*: Beruhige er sich doch! Unter Camera verstehen wir bei Hof die Privatgemächer Seiner Majestät.

MUNDL *(wieder ruhig, kleinlaut)*: Eh klar, eh klar. Waß i eh.

OBERSTHOFMEISTER *(hat den letzten Teil der Szene beobachtet, beim Betreten des Raumes zum Pagen)*: Lasse er ihn augenblicklich von der Torwache auf die Straße werfen! Wenn Majestät dieses ordinären Subjekts ansichtig werden, echauffieren sich Kaiserliche Gnaden dermaßen, daß wir den Medicus rufen müssen. Nicht auszudenken!

PAGE: Zu Befehl, Exzellenz! *(geht ab)*

MUNDL *(nähert sich dem Obersthofmeister)*: Was habt's da 'tuschelt? Glaubt's es, den Mundl kann ma für deppert halten und er sagt a no Dank'schön dazua? Da san scho andere daherkumman! Im Stemmerclub haben s' nur solang Trottel zu mir g'sagt, bis i dem Schani, der was hundert Kilo hat, ane in die Gosch'n g'haut hab, daß er glaubt hat, es spielt's Granada. Des is a spanisch. Seither is a Ruah. Verstehst mi', Herr Offizier? Also, wo is der Herr Kaiser?

OBERSTHOFMEISTER *(betrachtet Mundls Aufmachung ungläubig durch ein Lorgnon)*: Majestät sind nicht zugegen. Majestät sind gerade auf dem Weg zum Allerhöchsten Souper.

MUNDL: A Supperl? Des trifft si guat. I hab heut eh no nix im Magen. Kennt ma net miteinander essen?

OBERSTHOFMEISTER: Er wird doch nicht annehmen, daß

er dem kaiserlichen Tischzeremoniell Genüge leisten könne.

KAISER LEOPOLD I. betritt das Vorzimmer.

MUNDL *(geht ungeniert auf den Monarchen zu)*: Und – wer san Sie?

OBERSTHOFMEISTER *(versucht, während er Seiner Majestät durch zahlreiche Bücklinge und Handküsse huldigt, Mundl zurückzudrängen)*: Weiß er nicht, daß es das Zeremoniell untersagt, den Kaiser unaufgefordert anzusprechen oder ihm eine Frage zu stellen?

KAISER: Laß er ihn. *(zu Mundl)* Also, ich bin der Kaiser!

MUNDL: Aha. Welchener?

KAISER: Leopold!

MUNDL: Der wievielte?

KAISER: Der Erste. *(er reicht Mundl die Hand zum Kuß)*

MUNDL *(schüttelt sie nur)*: Angenehm! Sackbauer Edmund, meine Freund' sagen Mundl zu mir. Jetzt erkenn' i Ihna erst, Ihna G'sicht is ja vurn auf die Münzen drauf. Leider hab' i jetzt scho länger kane Münzen mehr g'sehn, drum hab' i Ihna net glei kennt. Die Mama hat das Geld früher immer in der Kredenz, *(leise, vertraulich)* glei' neban Zucker, waaßt eh, versteckt g'habt. Aber seit an halben Jahr sama neger!

KAISER: Was seid ihr?

MUNDL: Stier, abbrennt. Bankarotta, wie der Lateiner sagt.

KAISER: Ja, aber warum denn?

MUNDL: Hackenstad bin i, verstengan S' mi'?

KAISER: Offen gestanden, nein!

MUNDL: Ohne Arbeit.

PAGE *(tritt in Begleitung zweier TORWACHEN ein, die Mundl abführen wollen)*

KAISER *(schickt den Pagen und die Torwachen mit einem Handzeichen fort)*

MUNDL *(vertrauensselig an den Kaiser gewandt)*: Sie hätten net zufällig a Hack'n für mi? Bei Ihnare dreihundert Bedienstete am Hof wird si do für mi a no was finden?

OBERSTHOFMEISTER: Er will im Hofstaat Seiner Majestät tätig sein? Impossible! Dieses Benehmen! *(betrachtet ihn noch einmal von oben bis unten)* Und die Garderobe! Degoutant!

MUNDL: Welche Tant'? *(Zum Kaiser)* Apropos, kennan Sie vielleicht die Mizzi-Tant'? Des is a Verwandte vom Karli seiner Frau. *(Korrigiert sich)* Ah na, de kennan S' gar net kennen, Se war'n ja wahrscheinlich no nie in Ottakring. Also, die Mizzi-Tant' haben s' ins Meidlinger Unfallkrankenhaus eing'liefert, weil's b'soffen gegen a Latern g'rennt is, und nachher hat die Krankenkassa die Spitalskosten net zahlen woll'n. Nur weil's net versichert war. Dabei war's 25 Jahr' Bedienerin beim Konsum, aber wia's die Filiale zuag'sperrt haben, san de Trotteln ...

OBERSTHOFMEISTER *(unterbricht unwirsch)*: ... Majestät interessieren sich nicht für Ihre Tante!

MUNDL: No, nur weil Sie von aner Tant' ang'fangen haben, hab' i ma 'denkt wegen der Konversa– *(ringt nach dem richtigen Wort)*

KAISER *(hilft ihm)*: –tion.

MUNDL: Genau! Sag' i ja. Sie als Kaiser hab'n solche Probleme wahrscheinlich weniger.

KAISER: Eher selten! Also, was will er von mir?

MUNDL: Herr Majestät, Ihner Staat is' krank. Wenn's so weitermacht's, kennt's eich de ganze Monarchie in Or–

OBERSTHOFMEISTER *(fällt ihm ins Wort)*: Zügle er seine

Zunge im Beisein Seiner Majestät, sonst lasse ich ihn in Ketten legen.

KAISER: Er soll weiterreden!

MUNDL: Bei uns daham haben's jetzt die Miete um an Blauen aufeg'setzt. Wia willst 'n des zahl'n, wenn s' dir gleichzeitig die Arbeitslosen kürzen? Wieviel zahlen Sie Miete, Majestät?

KAISER: Ich zahle keine Miete. Ich habe eine Eigentumswohnung.

MUNDL: Aha, wo?

KAISER: Hier, in dem nach mir benannten Leopoldinischen Trakt der Hofburg.

MUNDL: Eh klar. Haben S' Ihren Speisesaal a da herin'? Weil dann hätt' i vurg'schlagen, daß ma uns jetzt gemeinsam a Burnhäut'l geb'n. A Schwechater Jubiläumsmischung hätt' i mit'bracht *(öffnet seine Aktentasche, der er zwei Bierflaschen entnimmt)*. Kummen S', hau' ma si' a Hopfenperle in die Venen!

OBERSTHOFMEISTER: Er ist sich wohl nicht im klaren darüber, wer laut Spanischem Hofzeremoniell mit Seiner Majestät zu Tisch sitzen darf. Es ist nicht einmal Ihrer Majestät, der Kaiserin, gestattet, gemeinsam mit ihrem Gemahl an der Hofspeisung teilzuhaben.

MUNDL: Des is' schad'. Dann sehen sich die Damen und Herren Majestäten also nur im Betterl?

OBERSTHOFMEISTER *(dem Mundls Benehmen langsam zuviel wird, sucht Halt an einer Marmorsäule)*: Er wird doch nicht annehmen, daß die hohen Herrschaften über ein gemeinsames Schlafgemach verfügen?

MUNDL: Ah net? Wie sind die Majestäten dann zu ihre fünfzehn Kinder 'kommen?

KAISER *(lächelt milde)*: Das frag' ich mich manchmal selber. Mein Gott, als Kaiser ist man ein Gefangener des

Zeremoniells, von dem man sein Leben lang nicht einen Schritt abweichen darf. Man ist immer von irgendwelchen Kammerdienern umgeben ... *(nimmt Mundl am Ärmel, flüstert ihm ins Ohr)* es ist mir sogar strengstens untersagt, meiner Gemahlin einen spontanen Besuch abzustatten.

MUNDL: Oje. Wie kommen Sie dann mit Ihrer Gattin, äh ... ich mein' ... zusammen?

KAISER: Tag und Stunde der Zusammenkunft müssen lange vorher angemeldet werden. Ist es dann soweit, lege ich das schwarze Hofkleid mit Mantel an und werde vom Obersthofmeister in den Wohntrakt der Kaiserin geleitet. Dort empfängt mich deren gesamter Hofstaat und eine Abteilung von Hellebardieren, die mich durch eine Flucht von Vorräumen in das Schlafgemach meiner Gemahlin führt. Jetzt erst tritt das Gefolge, streng nach Rängen geordnet, den Rückzug an. Endlich sind wir allein. Aber der gesamte Hofstaat wartet im Nebenraum.

MUNDL: Na servas!

KAISER: Tja, Sie haben's gut, Herr Sackbauer, Sie können jederzeit Ihre Frau Gemahlin besuchen.

MUNDL *(verschämt)*: Anmelden muaß i mi aber a. Trotzdem, Ihna Frau hat's net leicht: Fufzehn Kinder so ganz allein aufziehen! Mei' Alte, die Toni, hat scho gnua g'habt mit unsere zwa Bankerten, wissen S' eh, jeden Tag einkaufen, kochen, die viele Wäsch'!

KAISER: Ich war dreimal verheiratet.

MUNDL: Ah so, dann geht's. Und des Personal is' ja sicher auch a gewisse Erleichterung.

KAISER: Ja, sicher. Aber Sie sehen, Herr Sackbauer, daß jeder Stand seine Probleme hat. Was glauben Sie, was mir meine Frau wegen dieses verfluchten ...

OBERSTHOFMEISTER *(entsetzt)*: Majestät!

KAISER: ... also wegen dieses Hofzeremoniells die Ohren vollredet! Abgesehen von mir darf sie kein Mann je unbekleidet sehen.

MUNDL: Eh klar!

KAISER: Nicht einmal ihr Hausarzt!

MUNDL: Und was is', wenn's krank is', die Gattin?

KAISER: Dann muß der Medicus bei den Hofdamen nach dem Befinden der Kaiserin fragen. Wie oft wollten wir diesen Punkt im Zeremoniell schon ändern – aber es ist nicht möglich. Naja, als Kaiser hat man's auch nicht leicht.

MUNDL: Da tuan S' ma wirklich leid. Aber, im Vertrauen, wenn si' die Gattin amoi net wohl fühlt, kann s' ruhig zu unser'n Hausarzt kumman, dem Dr. Fichtl auf der Hernalser Hauptstraßen – i kann Ihna beruhigen: Er hat alle Kassen – der druckt sicher beide Augen zua und schaut si's a unbekleidet an, wenn's sein muaß.

KAISER *(seufzt)*: Ja, wenn das alles so einfach wäre. Wie gern würde ich nur für einen einzigen Tag mit Ihnen tauschen.

MUNDL: Da tät' i Ihna glei' den murgigen Tag vurschlagen, da muaß i aufs Arbeitsamt, mein' Stempel hol'n. Da kann's Ihna passieren, daß zwa Stund' warten müssen. Ja, Majestät, so san's, Ihnere Ämter.

KAISER: Und was würden Sie tun, wenn Sie einen Tag lang an meiner Stelle wären?

MUNDL *(überlegt kurz)*: Also z'erst tät i der Mama beim *Gerngross* a neue Blus'n kaufen, die weiße mit die Puff– oh pardon, mit die Bordellärmeln, die was sa si' scho so lang wünscht. Die tät schön zu die Fauteuils von unserem Leopoldinischen Trakt passen. Dann lassert i an

Baumasta kummen, der was ma die Hofburg revitalisiert – so mit moderne Kippfenster, Spannteppich, Blumerltapeten und einer Küchenecke vom *Leiner.* Und auf d'Nacht tät i mir mei' Kaiserkrone aufsetzen und mit'n Blahowetz-Kurti, dem Trottel, zu unseren Wirten am Eck geh'n. Durt tät i mi ansaufen bis viere in der Fruah. Und des ganze Spanische Zeremoniell könnt' mi am Orsch lecken!

OBERSTHOFMEISTER *(fällt in Ohnmacht)*

Ein Tag wie jeder andere

Der 12. November 1918 im Café Central

H err Josef, was ist mit meinem Mokka?« urgierte der Gast unwirsch.

Höflich vollzog der Kellner einen tiefen Bückling, antwortete aber dennoch bestimmt: »Herr von Altenberg, es tut mir leid, ich darf Ihnen keinen Kaffee servieren!«

»Hast du gehört, Egon«, rief Peter Altenberg über sechs Tische hinweg seinem Freund Friedell – fast triumphierend – zu, »ich krieg' im *Central* keinen Mokka mehr.«

»Wundert's dich, du Schnorrer?« reagierte Friedell auf Altenbergs Klagelied. »Seit ich dich kenn', hast du hier noch keinen einzigen Kaffee bezahlt!«

»Ruhe!« brüllte der Schriftsteller Otto Kryzanowsky und warf den penibel gespitzten Bleistift auf den Marmortisch, »wer kann bei einem solchen Wirbel schreiben? Unter solchen Bedingungen wird das *Central* nie und nimmer als Literatencafé in die Geschichte eingehen. Wie soll man hier Literatur schaffen?«

»Wie *man* soll, weiß ich nicht«, ätzte Friedell, »ich weiß nur, daß *du* nicht sollst.«

»Als ob unsere Welt heutzutage keine anderen Sorgen hätte als die Literatur des Herrn Kryzanowsky.« Hermann Bahr nahm ein am Mitteltisch, unter den Arkaden des großen Kuppelsaales, lagerndes Exemplar der

Neuen Freien Presse zur Hand und las die auf der Titelseite abgedruckte »Weltkriegsbilanz« vor: »Zehn Millionen Tote, drei Millionen Soldaten unserer Armee verwundet, verkrüppelt, vermißt, gefangengenommen. Und da, auf Seite drei, ein Bericht von der Ermordung des Zaren durch die Bolschewiken ...«

»Ja, die Bolschewiken«, sinnierte Alfred Polgar, »erinnerst du dich, wie der Lenin und der Trotzki dort drüben beim Fenster gesessen sind und womöglich vom *Central* aus ihre Revolution geplant haben? Das hätt' sich auch keiner träumen lassen, daß die einmal ...«

»Mir ist der Herr von Trotzki immer noch zehn kleine Braune schuldig«, sagte Josef, während er bei Adolf Loos auf Tisch sieben kassierte. »Eine Eierspeis, zwei Viertel Wein, bitte sehr, Herr Architekt, macht drei Kronen dreißig.«

Hermann Bahr fuhr fort, aus der *Neuen Freien Presse* zu zitieren: »Kaiser Karl zurückgetreten, Dr. Karl Renner Staatskanzler der neuen Republik Deutsch-Österreich ...«

» ... einer Zwergerlrepublik«, unterbrach Friedell, »von den fünfzig Millionen Einwohnern, die wir hatten, sind – nebbich – sieben übriggeblieben. Und die leben in einem Staat, den keiner will, keiner braucht.«

»›Wenn der alte Kaiser noch am Leben wär', hätten wir uns das nicht getraut‹, soll der Renner gesagt haben, als die Sozialdemokraten den Umbruch vorbereitet haben«, gab Hermann Bahr die neuesten Meldungen von der Gerüchtebörse zum besten.

»Da schau her, das Tragen von Adelstiteln soll verboten werden«, trug Polgar aus der *Arbeiter Zeitung* vor, worauf Anton Kuh bedauernd feststellte: »Oje, da wird der Josef nimmer Herr von Altenberg sagen dürfen.«

Die Glastür zur Herrengasse wird aufgerissen, herein tritt ein aufgebrachter Stammgast:»Ich komm' von der Ringstraße«, schreit er außer Atem,»die Rotgardisten versuchen ein kommunistisches Regime zu erzwingen. Sie haben den weißen Mittelteil aus der rot-weiß-roten Fahne vom Parlament entfernt und dann den traurigen Rest gehißt.«

»No, da würd' ich mir weiter keine Sorgen machen.« Genüßlich zündet sich Anton Kuh eine dicke Zigarre an.»Der Bolschewismus wird sich bei uns nicht durchsetzen.«

»Woher weißt du?« fragt Polgar.

»Weil der Werfel und der Kisch mit der Roten Garde in Wien einmarschiert sind. Die können vielleicht Romane und Feuilletons schreiben. Aber für einen Putsch sind sie in höchstem Maße ungeeignet.«

»Das einzig Erfreuliche in diesen Tagen ist die Tatsache, daß auch der Kaiser Wilhelm in Berlin abdanken mußte.»Da steht's, im *Berliner Lokal-Anzeiger*: ›Friedrich Ebert neuer Reichskanzler.‹«

»Das wär' ja noch schöner gewesen«, meint ein *Central*-Patriot,»wenn unser Kaiser hätt' gehen müssen und die deutschen Kriegshetzer geblieben wären.«

Im angrenzenden Schachzimmer des *Central* schien die Welt noch heil. Die anwesenden Herren (Damen wurden hier nur selten gesichtet) ließen sich durch keine noch so dramatischen Meldungen davon abhalten, ihre Partien weiterzuspielen. Sie saßen da, als wäre nichts geschehen auf dieser Welt, für sie war es ein Tag wie jeder andere.»Weißt du überhaupt, daß es keine Monarchie mehr gibt, daß der Kaiser Karl und die Zita mitsamt ihren Kindern Wien verlassen haben? Es herrscht Revolution!« sagte ein Kiebitz, der soeben im

Nebenraum die neuesten Meldungen vernommen hatte.

»Revolution?« meinte der Schachmatador Grünfeld, ohne den Blick von seinen Figuren abzuwenden, »ach was, Revolution! Der König am Schachbrett wird von keinem Präsidenten gestürzt, alles andere ist mir Wurscht!«

Draußen im Kuppelsaal wollte der Kellner gerade mit Tee und Zimtschnitte am immer noch leeren Tisch Peter Altenbergs vorbeieilen. Doch der hielt ihn am Rockzipfel fest: »Herr Josef, meine geringfügigen Außenstände werden doch nicht der Grund dafür sein, daß ich im *Central* verhungern und verdursten muß?« sagte der Bohémien.

»Wenn's nach mir ginge, Herr von Altenberg, könnten Sie bei uns essen und trinken soviel Sie wollen, aber der Chef meint, Sie müßten wenigstens die 174 großen Braunen zahlen, die vom letzten halben Jahr offen sind.«

»174 große Braune?« Altenberg steckte den Zwicker auf seine Nase und blickte durch dicke Rauchschwaden hinauf zum Glasdach des Cafés. »Das müssen mehr sein, vier Tassen mal 180 Tage macht …«

»… ich habe mir erlaubt, einen Teil Ihrer Rechnung aus meiner Privatkassa zu begleichen«, wurde der in jahrzehntelanger *Central*-Tätigkeit zu strikter Diskretion genötigte Herr Josef etwas leiser, »sonst hätte Ihnen der Herr Chef schon im August Lokalverbot erteilt.«

»Jetzt wissen wir's«, mischte sich der hellhörige Alfred Polgar ein, »der Altenberg laßt sich vom Herrn Josef aushalten, das schaut ihm ähnlich.«

»Seht ihn euch nur an, den Altenberg«, sagte Hermann Bahr, »seht ihn euch an, mit seinem bunten Hemd und seinen ausgebeulten Hosen – er ist ja geradezu identisch mit dem Bild, das sich das Volk von einem Dichter des Jahres 1918 macht.«

»Das Jahr hat's in sich«, versuchte Altenberg das Thema zu wechseln. »Klimt, Schiele, Kolo Moser, Rosegger, Otto Wagner, Girardi – wir haben heuer nicht nur die Monarchie, sondern auch einige ihrer besten Bewohner verloren. Österreich ist nicht mehr Österreich ...«

» ... und die Welt ist nicht mehr die Welt. Nur der Herr Kryzanowsky glaubt, daß es irgend jemanden interessiert, ob er im Café *Central* schreiben kann oder nicht«, bemerkte Anton Kuh, um bitter zu räsonieren: »Wer braucht denn heut' überhaupt noch Kaffeehausliteraten?«

»Kaffeehausliteraten?« sagte ein Unbekannter, der irrtümlich in den innersten Kreis der *Centralisten* geraten war, »was sind das, Kaffeehausliteraten?«

»Das kann ich Ihnen sagen«, replizierte Kuh. »Ein Kaffeehausliterat ist ein Mensch, der Zeit hat, im Kaffeehaus über das nachzudenken, was die anderen draußen nicht erleben.«

»Hab' ich nicht immer schon gesagt, der Kuh ist ein Sprechsteller?« meinte Friedell, »Anton, du solltest dir das aufschreiben.« – Kuh nahm Papier und Bleistift zur Hand und versprach den Freunden, daß er »den Satz noch einmal verwenden« werde.

»Herr Farkas«, wandte sich der sonst so taktvoll agierende Ober im Vorübergehen dem jungen Mann zu, der an einem Ecktisch in respektvoller Entfernung zu den etablierteren Gästen saß, »Herr Farkas, Sie haben heute vormittag zwölf internationale Zeitungen und sechzehn Glas Wasser konsumiert. Können Sie mir sagen, wie ein Kaffeehaus von solchen Besuchern leben soll?«

»Bin ich Betriebsprüfer für Kaffeehausangelegenheiten?« fragte der Nachwuchskabarettist zum Gaudium der Umsitzenden. »Aber ich bitt' Sie, Herr Josef: Reservieren Sie mir meinen Sessel. Ich geh' nur rasch nach Hause einen Kaffee trinken.«

Mittlerweile hatte ein unscheinbar aussehender Herr mit randloser Brille das *Central* betreten. Karl Kraus, Doyen der Wiener Kulturkritiker, würdigte die von ihm als »Salonhumoristen« meist geringgeschätzten Anwesenden keines Blickes. Er setzte sich an einen, von den übrigen Stammgästen möglichst nicht einsehbaren Tisch und notierte. Vier Jahre lang hatten sich Haß und Wut auf all jene aufgestaut, von denen die riesige Blutspur gezeichnet worden war. Jetzt endlich konnte er unzensiert und erbarmungslos wiedergeben, was zu schreiben ihm lange schon am Herzen lag. In der ersten Nachkriegs-*Fackel* waren die im Café *Central* verfaßten Worte dann nachzulesen:

»Durch die Nacht der Nächte, in der wir, hungernd und frierend, vom Schicksal als Deutsch-Österreicher gezeichnet, gebeugt von dem Fluch, Wiener zu sein, uns forttappen müssen zum Frieden, leuchtet ein hoffnungsspendender Stern: nicht mehr Österreicher zu sein! ... Das Hochgefühl, zwar nichts auf der Welt zu sein, wird beeinträchtigt durch die Enttäuschung aller, daß dieser elende Staat, den man doch am treffendsten mit dem Schimpfwort Österreich bezeichnet, seine Auflösung nicht mehr erlebt hat! Er ist an der Glorie gestorben, ehe er in die Lage versetzt war, seine Niederlage in vollen Zügen, in jenen, von denen noch die heimkehrenden Soldaten fallen, zu erleben ...«

»Ich bin sicher, er wird über den Franz Joseph herziehen«, sagte ein anonymer Verehrer, der Kraus beim

Schreiben im *Central* über die Schulter blickte. Und richtig, der nächsten *Fackel* war zu entnehmen: »Dieser alte Staatsfallott, der stets mehr Kaiserwetter als Verstand gehabt hat, ... – dieses ganze blutgemütliche Etwas, dem nichts erspart blieb und das eben darum der Welt nichts ersparen wollte, beschließt eines Tages den Tod der Welt. Mit einem Satz, der wahrhaftig die volle Bürde der Altersweisheit trägt und die ganze Würde des Schwergeprüften: Mit einem ›Ich habe alles reiflich erwogen‹ springt die Vergangenheit, die sich nicht zu helfen weiß, der Welt an die Gurgel. Und doch war nie etwas weniger reiflich erwogen ... Ein Serbien, das keineswegs schuldig einer Tat war, auf der sich eben dieses greise Österreich bei kaum gehemmten Jubelgefühlen frisch ertappen ließ – eine ganze Welt, deren Kondolenz von einem Jahrmarktfest, welches ›Begräbnis dritter Klasse‹ hieß, ausgesperrt wurde: sie fanden sich plötzlich im Besitz eines Ultimatums, mit dem ein passionierter Selbstmörder seine Vernichtung angedroht hat, wenn ein anderer nicht binnen 24 Stunden in die seinige zu willigen bereit war. Wohl, dieses Ultimatum Österreichs an sich selbst, binnen fünf Jahren vom Erdboden zu verschwinden, wenn Serbien nicht sofort bereit sei, seine Staatlichkeit auslöschen zu lassen, diese hirnverbrannte Zumutung, den Mangel an österreichischen Gendarmen in Sarajewo durch einen Überfluß an österreichischen Gendarmen in Belgrad wettmachen zu lassen, der tragische Scherz, der in jenem Blutrotbuch von der Unschuld zur jüdischen Anekdote gewendet wird: ›Und wegen so einer Lappalie haben sie sich hergestellt und da ist der Weltkrieg ausgebrochen‹ ...«

Ohne vom Autor wahrgenommen zu werden, deponierte Herr Josef auf der marmornen Tischplatte eine *Schale Gold*, wie immer, während Kraus, mit zierlicher Handschrift, zu dem Schluß gelangte:

»Das Ende, bis zu dem wir durchhielten, war unentrinnbar, und statt des Mutes, es durch Niederlagen zu beschleunigen, hatten wir die Dummheit, es durch Siege aufzuhalten. Das Ende davon ist ein solches Ende, daß wir nicht nur bis zum Ende, sondern noch darüber hinaus durchhalten müssen.«

Kaum waren die Worte in Druck gegangen, verblaßte auch schon der Glanz des Literatencafés in der Herrengasse. Zeitgleich mit dem Zusammenbruch der Monarchie wurde das dem *Central* gegenüberliegende Café *Herrenhof* eröffnet. »Zwei Tage später«, schrieb Anton Kuh, »saß alles, was politisch und erotisch revolutionär gesinnt war, drüben im neuen Café – nur die Mumien blieben im alten.«

Und Peter Altenberg konnte im neuen Café neu anschreiben lassen.

»Ich brauche viel Platz für meine Menagerie«

Prinz Eugen läßt das Belvedere bauen

Der knapp vierzigjährige Mann nähert sich, hoch zu Roß, dem leeren Grundstück von gigantischem Ausmaß. Hätte ihn nicht jeder in dieser Stadt erkannt, verehrt, ja geliebt – der Feldmarschall wäre wohl von den Passanten belächelt worden. Winzig klein und dünn wie ein Schneidergeselle aus den Witzblättern sitzt er auf seinem Pferd und reitet die lange, sanft ansteigende und von Weinbergen umgebene Staubstraße entlang, die später einmal seinen Namen tragen wird. Und alle, die des Prinzen Eugen ansichtig werden, ziehen den Hut und verbeugen sich tief. »Der edle Ritter«, wie er genannt wird, trifft an diesem 14. Mai 1702 mit dem Baumeister Lukas von Hildebrandt zusammen, der ihm auf den Platz im Südosten Wiens ein prachtvolles Lustschloß stellen soll.

»Stets zu Diensten, Durchlaucht«, begrüßt der Architekt den Feldherrn, »nun haben wir es also doch noch geschafft, den Bauplatz gemeinsam besichtigen zu können, den Euer Durchlaucht in weiser Voraussicht schon vor Jahren kauften, als die Grundstückspreise noch günstig waren. Unter uns gesagt: Jetzt ließe sich das Anwesen mit hohem Gewinn verkaufen!«

»Monsieur sind mein Architekt und nicht mein Finanzberater.« Seine Worte klingen eher französisch als deutsch, obwohl der Prinz schon seit vielen Jahren in Wien lebt. »Wir bauen das Belvedere, merke er sich das. Außerdem ist der Zeitpunkt gut, mon cher Hildebrandt, ich stehe zwischen zwei Kriegen und kann mich endlich wieder um die Baukunst kümmern.«

Eugen von Savoyen steigt vom Pferd und blickt um sich. »Der Park mit seinen jungen Bäumen, den Rasenflächen, Hecken und Bassins ist schon recht hübsch, très joli. Und die Aussicht – Stephansdom, Peterskirche, Leopoldsberg – in jede Himmelsrichtung ein plaisir. Nur die beiden Türme vom AKH stören ein wenig.«

»Durchlaucht, die gibt es noch gar nicht.«

»Dann ist es gut. Also, was hat er vor, wie wird es aussehen, mein château? Und was wird es kosten?«

»Ich darf Durchlaucht noch einmal warnen. Was Durchlaucht von einer Sommerresidenz erwarten, wird noch teurer sein als das vom Kollegen Fischer von Erlach für Sie geplante und von mir untertänigst fertiggestellte Winterpalais in der Himmelpfortgasse. Ich kenne ja höchst dero Ansprüche!«

»Nichts kennt er. Außerdem werden spätere Regierungen das dort eingesetzte Kapital wieder hereinbringen, indem sie in meinem Winterpalais das Finanzministerium ansiedeln. Auf diese Weise werden sich die Baukosten bald amortisiert haben.«

»War denn all die verschwenderische Pracht in der Himmelpfortgasse wirklich notwendig? Ich denke an die gigantische Fassade, ans Vestibül mit der Feststiege,

die Reliefs und Stuckdecken, und an den riesigen Tanzsaal. Wie oft tanzen Durchlaucht schon?«
»Ich bin Soldat und kein Tänzer! Mache er sich aber keine Sorgen um meine Finanzen. Wir leben im Zeitalter des Barock, und da kann gar nicht prunkvoll genug gebaut werden. Außerdem ist mir im Sommer die Luft in der Stadt zu stickig, da muß ich hinaus in die Natur.«
»Durchlaucht sind ohnehin kaum je in der Stadt. Durchlaucht kämpfen doch fast immer im Feld!«
»Egal, Sie werden ein Belvedere bauen, neben dem mein Winterpalais wie das Haus eines Bettlers aussieht – la maison d'un clochard.«
»Ganz wie Durchlaucht befehlen«, sagt Lukas Hildebrandt und vollzieht eine tiefe Verbeugung. »Was werden Durchlaucht im Belvedere benötigen?«
»Ich spreche jetzt nur vom Primitivsten. Wir brauchen einen Marmorsaal, neben meinen Schlaf-, Arbeits-, Ankleide-, Speise- und den Anrichtezimmern erwarte ich Gold- und Porzellankabinette, jede Menge sonstiger Gemächer, die von einer Vielzahl von Spiegeln ins Unendliche vergrößert werden, eine Bibliothek und mehrere Orangerien. Auf einigen Bildern in der Gemäldegalerie hoffe ich aus der Hand großer Meister als Kriegsheld dargestellt zu werden. Und zu meinen Füßen knien gefangene Türken.«
Hildebrandt atmet tief durch, holt einen Federkiel hervor und kritzelt ein paar Striche aufs Pergament. »Ich sehe eine siebenachsige Fassade vor mir, die an den Seitenflügeln zu zwei Eckpavillons führt.« Er legt den Stift einen Moment beiseite und kratzt sich am Ohr. »Die Repräsentationsräume Eurer Durchlaucht würde ich ins Schloßzentrum legen.«

»Rede er keinen Unsinn! Die Salons kommen ins Obere Belvedere!«

Meister Hildebrandt erschrickt. »Durchlaucht meinen, mit der eben beschriebenen Zimmerflucht nicht auskommen zu wollen?«

»Natürlich nicht! Wir sprachen bisher nur von den Wohn- und Schlafzimmern, die meinen bescheidenen Ansprüchen als Junggeselle genügen sollen. Als Feldherr und Staatsmann von Weltruf brauche ich zusätzlich noch einen Trakt, in dem wir meine Siege feiern können. Und den bauen wir hierher, in den oberen Teil des Lustgartens.« Der Prinz bezeichnet mit seiner Reitgerte einen Punkt, der den Haupteingang zum Oberen Belvedere bilden soll.

»Kann man mit dem Kriegführen wirklich so viel Geld verdienen?« fragt der ob der Wünsche fassungslose Baumeister.

»Schweige er! Natürlich könnte ich mir das von meinem Gehalt als Feldherr des kaiserlichen Heeres nicht leisten, aber ich habe ein wenig geerbt, das Haus Savoyen zählt zu den ärmsten nicht. Also: Mit dem Oberen Belvedere wird er ein Bauwerk errichten, das Versailles in den Schatten stellt. Der sogenannte Sonnenkönig Ludwig, der mich nicht in seine Armee aufnahm, weil er meine Statur als zu klein empfand, soll zerspringen vor Neid! Ich bin zwar nur eineinhalb Meter groß, aber dennoch der größte Feldherr unserer Zeit. So ist's dem Französenkönig zu danken, daß ich treu und ergeben dem Hause Habsburg diene. Mit diesem Palast, mon cher Hildebrandt, werden Sie nicht nur mir, sondern auch sich selbst ein einzigartiges Denkmal schaffen.«

Als der Baumeister erkennt, daß Geld tatsächlich keine Rolle zu spielen scheint, ist auch er Feuer und Flamme.

188

Er zeichnet einen dreigeschossigen Palast von gigantischen Ausmaßen. Das Schloß schwebt, einer Fata Morgana gleich, über dem großen Teich und spiegelt sich darin. Die Zeichnung vereint in sich die Architektur französischer Gartenschlösser mit der venezianischer Villen, es entstehen Haupt-, Nebentrakte und Pavillons mit prägnanten Dächern und Türmchen, umgeben von einem symmetrisch angelegten Ehrenhof. Im Schloßinneren ist Platz für Konferenzräume und eine Zimmerflucht, die in einen Marmorsaal mündet, der selbst den des Unteren Belvedere an Prunk und Dimension übertrifft.

»Ich bestelle ausreichend Gold und Marmor«, kündigt Hildebrandt an, »und ich richte das Schloß mit wertvollen Kunstwerken, erlesenen Möbeln und vielarmigen Kristallüstern ein. Zwei steinerne Löwen werden am Ende der Auffahrtsrampe das Wappen des Hauses Savoyen halten, und das Areal wird durch schmiedeeiserne Gittertore vor Einbrechern geschützt.«

»Genial! Endlich haben Sie begriffen, was ich wünsche, Monsieur, es darf an nichts gespart werden. Und, daß ich es nicht vergesse: Ich brauche viel Platz für meine Menagerie!«

»Wie meinen Durchlaucht?«

»Oui, ich will eine Menagerie! Darin werde ich mir Affen, Hirsche, Gazellen, Antilopen, Steinadler und auch einen Löwen halten. Die Tierchen werden mir ein schöner Ausgleich sein, wenn ich vom Kriegführen heimkomme.«

Das Untere Belvedere wurde in den Jahren 1714 bis 1716 errichtet, das Obere von 1721 bis 1724. Prinz

Eugen starb in der Nacht vom 20. auf den 21. April 1736 in seinem Winterpalais. Sein Löwe verendete in der Menagerie des Belvedere in derselben Nacht, in der auch sein Herr, »der edle Ritter«, verschied.

Freud kann Hitler nicht heilen

*Eine Therapie, die die Welt hätte
verändern können*

Nehmen Sie Platz«, sagte Dr. Freud. Es war in den ersten Frühlingstagen des Jahres 1913 in der Ordination des Facharztes für Neurologie und Psychiatrie im Mezzanin des Hauses Wien IX., Berggasse 19. Der sonderbar wirkende Besucher setzte sich auf einen Sessel und wartete.

Während der Professor in seinem Schreibtisch kramte, um nach der Füllfeder zu suchen, mit der er üblicherweise Notizen über die mit seinen Patienten geführten Gespräche anfertigte, sah sich Herr »Hitler, Adolf, geb. 20. 4. 1889 in Braunau am Inn, dzt. ohne Beschäftigung« – so stand's in der Kartei – im Behandlungszimmer um. Auf dem vollgeräumten Schreibtisch stapelten sich lederne Mappen, Brieföffner, Futterale, Schalen, eine Vase und Zigarren in verschiedenen Größen. Hinter dem Fauteuil, auf dem Freud saß, stand ein schweres Bücherregal, daneben eine Vitrine, an den Wänden hingen Lithographien. Vor allem aber wurde – unübersehbar – jeder Quadratzentimeter des heillos überfüllten Raumes durch chinesische, ägyptische, griechische und römische Antiken geziert. Schließlich stand da noch eine mit einem unruhig gemusterten Tuch überzogene Couch.

»Nun, Herr Hitler, was führt Sie zu mir?« Freud hatte seine Feder gefunden, sah auf – und erschrak. Er maß den Mann, den er nie zuvor gesehen, von Kopf bis Fuß. Die steife Körperhaltung, die dämonische Erscheinung und der starre Blick übten eine eigentümliche Wirkung auf ihn aus.

»Man hat Sie mir empfohlen, Herr Doktor«, sagte der 24jährige Mann mit stockenden Worten. Seine Bewegungen waren ebenso abgehackt wie seine Sprache. »Man hat mir berichtet, daß Sie mit der von Ihnen entwickelten Psychoanalyse große Erfolge erzielen. Darum bin ich zu Ihnen gekommen.«

»Was sind denn Ihre Beschwerden?«

»Ja, wie soll ich sagen? Ich leide schrecklich darunter, von meiner Umwelt verkannt, nicht beachtet zu werden. Ich weiß, daß ich über große, ich würde sagen geniale Fähigkeiten verfüge, und doch – oder vielleicht gerade deshalb – werde ich von der Gesellschaft ausgegrenzt. Diese ungeheuerliche Mißachtung führt zu Magenkrämpfen, Schweißausbrüchen, Depressionen, und häufig denke ich an Selbstmord.«

»Was haben Sie denn gelernt, was ist Ihr Beruf?« fragte Freud.

»Nun, ich bin … – eigentlich wollte ich an der Akademie der Bildenden Künste studieren, hier in Wien. Aber …«

»Aber?«

»Sie haben mich zweimal abgewiesen.«

»Aus Mangel an Talent?«

»Wo denken Sie hin, Herr Professor!« Hitler steigerte sich in eine eigenartige Erregung. »Man hat auch dort meine Fähigkeiten ignoriert. Die Prüfer sind ahnungslos, inkompetent, arrogant. Heute zählt nur, was entar-

tet ist, die wahre Kunst aber – meine gegenständliche
Malerei –, die wird mißachtet.«
»Was taten Sie, als Sie Ihren Traum, ein großer Künstler
zu werden, zerstört sahen, Herr Hitler?«
»Ich mußte mich als Hilfsarbeiter und Postkartenmaler
durchschlagen, lebte auf Untermiete, im Obdachlosen-
asyl, und derzeit wohne ich in einem Männerheim.« Die
Stimme des Patienten überschlug sich fast, als er weitersprach: »Stellen Sie sich diese Schmach vor, Herr
Professor – die Schmach, die ein Mann meines Genies
erleiden muß …«
»Sie sehen sich also tatsächlich als Genie?«
»Die Welt hat in mir durch die Ignoranz der Herren von
der Akademie einen Künstler mit wahrhaft über-
menschlichen Talenten verloren.« Waren Freud die
Gesichtszüge des Patienten gerade noch hysterisch ver-
zerrt erschienen, so gelang es Hitler im selben Moment
die Fassung wiederzufinden: »Es besteht die Möglich-

keit, daß mich das Schicksal zu etwas anderem, viel Größerem ausersehen hat.«

»Das zu beurteilen ist nicht meine Sache, Herr Hitler. Wir sollten in die Tage Ihrer Kindheit zurückgehen, um an die Wurzeln Ihrer Probleme zu gelangen.«

»Über meine Kindheit möchte ich nicht sprechen.«

»Die Psychoanalyse beruht darauf, daß man in die frühen Phasen des Patienten vorzudringen versucht. Wir alle haben die Erlebnisse aus unseren Kindertagen teilweise vergessen oder verdrängt. Dieses Vergessen und Verdrängen findet aber nicht zufällig statt, sondern ist die Folge einer systematisch durchgeführten Verschleierung. Man verdrängt Unangenehmes, um sein Selbstbildnis zu idealisieren, und unterliegt damit einer Selbsttäuschung. Das Bewußtmachen kann zur Heilung psychischer Erkrankungen führen. Vielleicht sollten Sie damit beginnen, mir etwas von Ihren Eltern zu erzählen.«

Hitler überlegte kurz und sah zu dem Fenster hinüber, das einen Blick in den grauen Innenhof der Berggasse freigab. »Ja, meine Eltern – … meine Mutter war eine wunderbare Frau, die mir ihre ganze Liebe schenkte. Auf der anderen Seite war da mein Vater – ein biederer Zollbeamter, der nach seiner Frühpensionierung eine kleine Landwirtschaft führte. Doch der in unserer Nachbarschaft so angesehene Familienvater war in Wirklichkeit ein jähzorniger, streitsüchtiger Mann. Er demütigte und züchtigte uns Kinder, schlug regelmäßig mit seiner Nilpferdpeitsche auf uns ein. Soweit meine Erinnerungen zurückreichen, hat er uns immer nur tyrannisiert. Wenn er etwas wollte, rief er nicht meinen Namen, sondern pfiff nach mir wie nach einem Hund.«

»Wie verhielt er sich Ihrer Mutter gegenüber?«

»Ebenso brutal, er erniedrigte und mißhandelte auch sie. Sie mußte immer ›Onkel Alois‹ zu ihm sagen – auch als sie längst schon verheiratet waren …«

»Onkel Alois?«

Hitler blickte zu Boden. »Ja, meine Eltern waren nahe Verwandte.«

»Sie sind das Produkt einer inzestuösen Beziehung?« Der Patient wartete eine dem Arzt sehr lange erscheinende Minute, ehe er fortfuhr. »Meine Mutter war die Nichte meines Vaters. Sie war ihm blind ergeben, ließ alles über sich ergehen. Und hat aus lauter Angst immer nur zugesehen, wenn er uns Kinder schlug.«

»Weil sie Ihnen nie zu Hilfe kam, wurde Ihrem Unterbewußtsein eröffnet, daß man nur durch rücksichtslose Brutalität siegen könne. Wie war das bei Ihren Geschwistern?«

»Drei meiner Geschwister starben, bevor ich zur Welt kam. Ein Bruder gleich nach seiner Geburt, der andere Bruder und eine Schwester an Diphterie.«

»Ihre Mutter lebte wohl in der ständigen Angst, daß auch Sie nicht überleben würden, und hat die Liebe für die Verstorbenen auf Sie projiziert, Sie vermutlich in übertriebener Weise verwöhnt.«

»Ja, das stimmt schon, sie gab mir die Überzeugung, etwas Außergewöhnliches zu sein, las mir jeden Wunsch von den Augen ab, bevorzugte mich auch meinen jüngeren Geschwistern gegenüber.«

»Diese auf grenzenlose Verwöhnung aufgebaute Mutterbindung hat zu einer übersteigerten Form von Narzißmus geführt, der Ihren Charakter pathologisch geprägt haben dürfte«, sagte Freud. »Haben Sie nie darüber nachgedacht, wie es möglich ist, daß Sie sich für besonders begabt, ja sogar für genial halten, aber beruflich kein Fortkommen finden?«

»Dafür kann ich nichts, schuld waren immer nur andere. Mein Vater, die Professoren der Akademie, meine Lehrer an der Realschule ...«

» ... alle waren also schuld, nur Sie nicht. Sind Sie bis zur Matura gekommen?«

»Ich hatte ganz andere Interessen, befaßte mich damals schon mit der Geschichte der alten Teutonen, organisierte Kriegsspiele unter meinen Mitschülern, begeisterte mich für die Musik Richard Wagners. Und sah meine Zukunft als großer Künstler. Wozu sollte ein Mann mit meinen Fähigkeiten einen Schulabschluß benötigen?«

»Ihre Flucht in eine Traumwelt beweist eine stark gestörte Beziehung zur Realität.« Freud kritzelte ein paar Worte auf seinen Schreibblock, ehe er zur nächsten Frage überging: »Wie sieht denn Ihr Verhältnis zu Frauen aus?«

»Frauen?« Hitler schien für kurze Zeit die Beherrschung zu verlieren, als er wild gestikulierend weitersprach. »Die einzige, die ich achten konnte, war meine Mutter. Alle anderen sind nutzlos, nicht wert, von mir geliebt zu werden ...«

Freud beobachtete die unkontrollierten Bewegungen des Patienten und sprach weiter: »Wir wissen, daß sich bei Kindern aus engen inzestuösen Verbindungen oft ähnlich pervertierte Wünsche fortsetzen. Haben Sie je Gefühle entwickelt, die über das Maß einer Mutter-Sohn-Beziehung hinausgehen?«

Nervös strich Hitler über den Schnurrbart, der nicht breiter war als seine Nase. »Sie schneiden Themen an, Herr Professor, über die ich nicht sprechen möchte.«

»Sie müssen mir alles mitteilen, was Sie von sich wissen, auch Träume und Fehlhandlungen, besonders das, was Sie sonst zu verdrängen versuchen. Ich kann Ihnen nur helfen, wenn ich Einblick in Ihr Unbewußtes erhalte. Denn hinter jedem Verhalten stehen auch Motive, die dem Menschen unbewußt sind. Unbewußte Prozesse sind ein wesentlicher Teil unserer Psyche. Wie sehen Ihre sexuellen Erfahrungen aus?«

»Ich hatte noch nicht sehr viele. Großen und überdurchschnittlich begabten Männern wie mir genügen zur Befriedigung der sexuellen Wünsche primitive und dumme Mädchen.« Hitler wischte sich den Schweiß von der Stirn und setzte mit brüchiger Stimme fort: »Die wahre Liebe wird immer nur meiner Mutter gehören.«

»Ist sie noch am Leben?«

»Nein, meine Eltern sind tot. Der Vater starb, als ich vierzehn, meine Mutter, als ich achtzehn war. Sie hatte Brustkrebs.«

»Wurde ihre Krankheit behandelt?«

»Ja, von Doktor Bloch. Er veranlaßte eine Operation in Linz, die aber keinen Erfolg brachte. Ich habe mit meiner Mutter den einzigen Menschen verloren, den ich auf der Welt hatte.« Freud sah in ein haßerfülltes Augenpaar, als Hitler weitersprach: »Der Jude Bloch trägt die Schuld am Tod meiner Mutter.«

»Nun, Herr Hitler, Sie sind hier nicht an der richtigen Adresse, um über jüdische Ärzte herzufallen. Die bösartige Geschwulst Ihrer Mutter war vermutlich so weit fortgeschritten, daß Doktor Bloch ihr nicht mehr helfen konnte.«

»Ein anderer hätte es gekonnt! Über Juden werden Sie von mir nichts Gutes zu hören bekommen, Doktor

Freud«, brüllte Hitler jetzt, als müßte er ein riesiges Forum überzeugen. »Der Jude ist Ursache und treibende Kraft allen Übels dieser Welt. Er ist der Bazillus, der die Gesellschaft zersetzt.«

»Woher beziehen Sie denn diese Weisheiten, Herr Hitler?«

»Ich befasse mich seit Jahren mit der alldeutschen Bewegung, vor allem mit den Ideen des Ritters von Schönerer, und ich studiere die Schriften des Rassentheoretikers Lanz von Liebenfels. Schließlich fühle ich mich von der göttlichen Vorsehung berufen, deren Abhandlungen in die Tat umzusetzen, unwertes Leben und Andersdenkende auszuschalten, zu vernichten.«

Freud versuchte nach außen hin ruhig zu bleiben.

»Soso, von der göttlichen Vorsehung sind Sie zu all dem berufen ... Da kann man ja nur hoffen, Herr Hitler, daß Sie nie die Gelegenheit bekommen werden, über Schicksale zu bestimmen. Sie schaffen sich Feindbilder und würden Ihren unbändigen Haß – soferne Sie die Möglichkeit dazu hätten – auf unschuldige Menschen übertragen, diese ebenso erniedrigen, wie Sie von Ihrem Vater erniedrigt wurden. Sie sind in einem totalitären Regime aufgewachsen, an dessen Spitze Ihr Vater als alleiniger Führer stand. Hätten Sie Macht über Menschen, würden Sie sich an ihnen rächen, sie ebenso brutal behandeln, wie Sie behandelt wurden. Wen hassen Sie denn, abgesehen von den Juden, sonst noch?«

»Alles rassisch Minderwertige. Zigeuner, Farbige, Mischlinge und Slawen. Aber auch Bolschewiken, Marxisten, Liberale und Freimaurer. Sie sind unsere Feinde, die nichts anderes im Sinn haben, als das deutsche Volk in seinen Grundfesten zu bedrohen.«

»Soweit ich Ihrer Kartei entnehme, stammen Sie aus Oberösterreich, Herr Hitler. Warum machen Sie sich denn solche Sorgen um das deutsche Volk?«

»Das Deutsche Reich ist mein Vaterland ...«

» ... Ich würde eher sagen, es dient Ihnen als Ersatz für die tote Mutter.«

»Wie immer Sie es sehen wollen, Herr Professor. Wien und die ganze Habsburgermonarchie sind nichts als ein Schmelztiegel unterschiedlicher Völker und Rassen, der Deutsche hingegen entspricht dem Idealbild der europäischen Herrenrasse, die es durch Bewahrung ihrer absoluten Reinheit vor der Vernichtung zu retten gilt. Es wäre daher unmöglich für mich, gemeinsam mit Tschechen und Juden in der österreichischen Armee zu dienen – für das Deutsche Reich zu sterben bin ich aber jederzeit bereit.«

Je länger Freud Hitler zuhörte, desto stärker wurde sein Unbehagen. Stärker, als er es je bei einem seiner Patienten empfunden hatte. Und so wich der Seelenarzt noch einmal von der Fragestellung des Mediziners ab: »Haben Sie auch schon andere Leute mit Ihren sonderbaren Thesen beglückt?«

»Ich habe einen Raum des Männerheimes in der Meldemannstraße zu einem Diskussionsforum umgewandelt und mich an die Spitze meiner Mitbewohner gestellt. Dort habe ich jetzt Gelegenheit, meine Begabung als politischer Redner unter Beweis zu stellen und mich auf spätere, größere Aufgaben vorzubereiten ...« Eindringlich fixierte Hitler sein fassungsloses Vis-à-vis, er schnaubte, rang nach Luft und schrie lauter als bisher, während er sich an Freuds Schreibtisch festklammerte: » ... Denn die Welt wird noch von mir hören. Warten Sie ab, bis meine Zeit gekommen ist!«

»Wenn Sie glauben, Herr Hitler, daß irgend jemand auf Ihre Tiraden hereinfallen wird – bitte sehr. Ich kann mir das beim besten Willen nicht vorstellen. Ich kann nur versuchen, die Wurzeln Ihres krankhaften Hasses, Ihrer Zwangsvorstellungen, Ihrer Identitätsprobleme und Ihrer Rachsucht zu erkennen: Bei der von Ihnen geschilderten Familienkonstellation liegt die Vermutung einer schuldhaften inzestuösen Fixierung gegenüber Ihrer Mutter nahe. In manchen Fällen – und einen solchen sehe ich hier – kann eine ödipale Mutter-Sohn-Fixierung bösartige Formen annehmen. Solche Kinder bleiben zeitlebens kalt, narzißtisch, unfähig zu Gefühlsreaktionen. Die maligne inzestuöse Fixierung, wie wir das nennen, führt oft zu Nekrophilie – dem Angezogenwerden von allem, was tot, vermodert, krank ist. In solchen Fällen wird eine Leidenschaft entwickelt, zu zerstören um der Zerstörung willen, zu zerstückeln, zu töten. Sollten Sie also je Politiker werden – wie Ihnen das offensichtlich vorschwebt, Herr Hitler –, könnte es passieren, daß Sie die durch Ihren Vater und Ihr berufliches Scheitern erlittene persönliche Demütigung in eine nationale Niederlage transformieren. Ihre kranke Psyche verfügt über keinerlei Kontrollmechanismen, Sie würden vor keinem Verbrechen zurückschrecken, alles aus dem Weg räumen, das Ihrem Ziel, Macht über Menschen auszuüben, im Wege stünde.«

Freud wußte, daß er einen außergewöhnlichen Fall vor sich hatte. Der 57jährige Professor zündete sich eine Zigarre an und sprach ruhig weiter: »Ich will ganz offen sein. Ich sehe in Ihnen alle Symptome einer stark psychopathischen Veranlagung, die einer intensiven Behandlung bedarf.«

Klar und eindringlich sagte er dann noch: »Und doch

sind Sie für alle Taten, die Sie in Ihrem Leben setzen werden, voll verantwortlich. Denn geisteskrank sind Sie nicht, Herr Hitler, man muß Sie aus ärztlicher Sicht als zurechnungsfähig betrachten. Aber es wäre dringend notwendig, sich einer Therapie zu unterziehen. Das Gespräch in der Analyse könnte eine erhebliche Besserung hervorrufen. Es könnte Sie von Ihren paranoiden Wahn- und Angstvorstellungen, von Ihren perversen Phantasien, Ihrem pathologischen Juden- und Fremdenhaß, Ihrem Größenwahn, aber auch von Ihren vermutlich psychosomatisch bedingten Magenbeschwerden befreien.«

Freud erhob sich aus seinem Sessel und sagte zum Abschied: »Ich lasse Sie ungern in diese Welt hinaus, Herr Hitler. Sie sollten ein- bis zweimal in der Woche zu mir kommen, sich auf die Couch legen, die Sie dort drüben sehen, und sich im Gespräch mit mir Ihrer Probleme bewußt werden.«

Doch der Patient kam nicht wieder. Adolf Hitler übersiedelte nach München, wo er sich um die Aufnahme an der Kunsthochschule bewarb. Er wurde auch dort abgewiesen.
Die Weltgeschichte nahm ihren Verlauf.

Sigmund Freud aber mußte mit seiner Familie am 4. Juni 1938 seine Ordination, die darunterliegende Wohnung, das Haus in der Berggasse, die Stadt – seine Heimat – fluchtartig verlassen.
Weil Herr Hitler nie geheilt wurde.

»In meinem Reich geht die Sonne nicht unter«

Gespräch bei Sonnenuntergang

Wir saßen auf einer der prächtigen Terrassen seines Königsschlosses etwas außerhalb von Madrid und betrachteten den traumhaft schönen Sonnenuntergang. Plötzlich, inmitten der herrlichen Stimmung, hielt ich inne und fragte den Kaiser:»Majestät, wie ist das möglich? In Ihrem Reich, heißt es doch, geht die Sonne nicht unter. Jetzt tut sie's aber grade doch.«
»Was redet er da für Unsinn«, schüttelte Kaiser Karl V. sein markantes, mir durch ein berühmtes Tizian-Gemälde längst bekanntes Haupt.»Gemeint ist doch, daß das Reich des Hauses Habsburg zu meiner Zeit so groß ist, daß in jedem Fall irgendwo gerade die Sonne scheint. Selbst in diesem Augenblick, wenn es hier in Spanien Nacht wird! Schau'n Sie, ich bin Kaiser des Heiligen Römischen Reiches, ich bin König von Spanien, mir gehören die Niederlande und Süditalien, weiters Böhmen, West-Ungarn und natürlich die österreichischen Länder, die ich aber infolge Arbeitsüberlastung meinem jüngeren Bruder Ferdinand überließ. Außerdem haben die Konquistadoren Cortes und Pizarro das Reich der Azteken und der Inkas erobert, womit ich auch über Mexiko, Peru, Venezuela und Panama verfüge. Regional gesehen muß die Sonne

natürlich jeden Abend untergehen. Aber irgendwo in meinem Reich ist's immer taghell.«

»Verstehe! Sind Sie wirklich so glücklich über die Leistungen der Herren Cortes und Pizarro, denen Sie Ihre Besitzungen in Übersee verdanken? Schließlich haben die beiden Herren Amerika zu einem Kontinent des Blutes verwandelt. Die Ureinwohner der Neuen Welt wurden ›im Namen der Heiligen Inquisition‹ und letztlich auch mit Ihrem Segen ihrer Freiheit beraubt, ausgebeutet, abgeschlachtet.«

»Ich muß zugeben, daß mir die Methoden der beiden Herren auch nicht gefielen, schließlich habe ich ja Herrn Cortes 1528 die Verwaltung der von ihm eroberten Gebiete Mexikos wieder entzogen.«

»Das macht die Millionen getöteter Indianer auch nicht wieder lebendig«, wandte ich ein.

»Ja, wie sonst, glauben Sie, kann man in die Geschichte eingehen als Herrscher, in dessen Reich die Sonne nicht untergeht? Da gehört halt leider auch ein bisserl Kriegführen dazu.«

»Diesbezüglich sind Sie ja vorbelastet durch Ihre nähere Verwandtschaft, deren Mitglieder übrigens alle einen Beinamen hatten: Ihr Großvater war Maximilian und wurde der letzte Ritter genannt. Ihr Vater war Philipp der Schöne und Ihre Frau Mama Johanna – pardon – die Wahnsinnige.«

»Ja, Großpapa war wirklich eine der herausragendsten Erscheinungen des Hauses Habsburg. Und ein großer Feldherr. In den vierzig Jahren seiner Herrschaft mußte er fünfundzwanzigmal in den Krieg ziehen, meist weil ihm die Reichsfürsten Steuergelder und Truppen verweigerten.«

»Aber auch, weil er Frankreich besiegen wollte.«

»Was Opa leider ebensowenig gelungen ist wie mir. Und weil Sie meine Eltern erwähnen: Durch deren Verehelichung fielen dem Haus Habsburg die Königreiche Kastilien, Aragon und Granada samt den Kolonien in Amerika zu, wodurch ich schließlich das mächtigste Imperium des Westens erben und regieren sollte. Leider ist Papa mit nur 28 Jahren gestorben, nachdem er sich bei einem hitzigen Ballspiel durch einen kühlen Trunk erkältet hatte.«

»Was zur Folge hatte, daß Ihre Mutter verrückt wurde?«

»Tja, sie hat ihn sehr geliebt!«

»Leidenschaftliche Unternehmungen dieser Art sind wohl in Ihren Kreisen nicht vorgesehen. Es ist ja kein Zufall, daß in königlichen Häusern immer nur aus politischen und dynastischen Überlegungen geheiratet wurde, aber kaum je aus Liebe. Ihre Mutter benahm sich aber schon zu Lebzeiten Ihres Mannes sonderbar, sie beobachtete jeden seiner Schritte mit krankhafter Eifersucht ...«

» ... gar so krankhaft war ihre Eifersucht nicht. Mein schöner Papa hat ihr ja in der Tat allerlei Gründe geliefert. Während sie auf Spaniens Thron saß, regierte er die Niederlande. Sie aber war ihm restlos verfallen und wollte immer nur bei ihm sein. Als Mama einmal zu ihm nach Flandern kam, um ihm eine Eifersuchtsszene zu machen, ließ er sie einsperren.«

»Nach seinem Tod war's dann mit der Zurechnungsfähigkeit Ihrer Mutter ganz vorbei. Sie vermutete sogar, daß ihr Gemahl von ihrem eigenen Vater ermordet wurde, und reiste in Begleitung des Sarges mit Philipps sterblichen Überresten quer durch Kastilien. Den Rest ihres Lebens mußte sie, völlig abgeschieden von der Umwelt, in einer Art Kerker verbringen.«

204

»Ja, sie hatte ein schweres Los!«

»Majestät haben sich aber auch nur so lange um hochdero kranke Mutter gekümmert, bis sie Ihnen alle Ländereien abgetreten hatte, womit Sie uneingeschränkt herrschen konnten.«

»Ich hatte viel zu tun in diesem riesigen Reich und konnte mich daher nicht um alles kümmern.«

»Ihre größte Niederlage war es wohl, daß Sie als erzkatholischer Herrscher die Verbreitung der protestantischen Lehren Luthers im Reich nicht verhindern konnten.«

»Das wird schließlich – neben der mich seit langem schon plagenden Gicht – der Grund sein, daß ich 1556 als Kaiser in Pension gehen und mein Reich zwischen meinem Bruder Ferdinand und meinem Sohn Philipp aufteilen werde.«

Soweit mein Bericht aus der Zeit der Casa d'Austria, in der Habsburg an der Spitze eines der mächtigsten Reiche der damaligen Zeit stand. Ich fuhr zurück in die Republik Österreich des 20. Jahrhunderts – mit 80 000 Quadratkilometern und ihren acht Millionen Einwohnern einer der kleinsten Staaten Europas.
Dafür kommen wir aber spielend ohne Konquistadoren aus.

Einer wird verlieren!

Der gütige Kaiser in »Kulis« Fernsehquiz

Von manchen seiner Biographen wird der unmittelbare Amtsvorgänger Kaiser Franz Josephs als »Ferdinand der Gütige« bezeichnet, weniger Gutmeinende haben ihn als »halbdebil« abqualifiziert. Um endlich die Wahrheit und nichts als die Wahrheit über seinen IQ zu erforschen, schickte ich Kaiser Ferdinand I. in Hans Joachim Kulenkampffs Quizsendung *Einer wird gewinnen*, kurz: *EWG*. Kulis Fragen und die Antworten des Monarchen werden an dieser Stelle zum ersten Mal abgedruckt.

KULI: Hallo, Majestät, schön, mal 'nen richtigen Habsburger in der Sendung zu haben. Ich darf Sie kurz unseren Zuschauern vorstellen: Geboren 1793 in Wien als ältester Sohn Kaiser Franz I. und seiner zweiten Frau Maria Theresia von Bourbon-Neapel. Leider waren Ihre Eltern doppelte Cousins ersten Grades, was sich nicht gerade günstig auf Ihre geistigen und körperlichen Fähigkeiten auswirkte. Ihre Entwicklung sollte sich dann auch als sehr problematisch erweisen. Dennoch waren Sie schon mit 22 Jahren Brigadegeneral. Was würden Sie als Ihren Beruf angeben?
FERDINAND: Kaiser.

KULI: Klingt doch prima! Ich glaub', Sie wurden's 1835, nach dem Tod Ihres Vaters. Familienstand?

FERDINAND: Verheiratet, keine Kinder.

KULI: Das is' gut, man weiß ja nie, was aus den Bengels wird *(Applaus)*. Als Preise vergeben wir heute Europas Monarchien. Dritter Preis: Luxemburg, zweiter Preis: der deutsche Thron. Und als Hauptgewinn: Österreich-Ungarn mitsamt Galizien, Böhmen, Mähren, Triest, Venedig und was sonst noch alles dazugehört. Welchen Thron hätten Sie denn am liebsten?

FERDINAND: Luxemburg.

KULI: Warum gerade Luxemburg?

FERDINAND: Weil's der dritte Preis ist. Drei ist mehr als eins.

KULI: Wunnebar!

FERDINAND: Wunnebar stammt von Lou van Burg!

KULI: Richtig, damit hätten wir bereits den ersten Punkt, ich gratuliere *(Applaus)*. Wir kommen zu Frage Nummer zwo: Stellen Sie sich vor, Sie sitzen auf dem Thron unseres Hauptpreises, und es ist Revolution. Was machen Sie?

FERDINAND *(denkt nach)*: Ich denke nach.

KULI: Gut. Und dann?

FERDINAND: Ich frage meinen klugen Onkel, den Erzherzog Johann, was ich tun soll. Das hab' ich oft getan.

KULI: Großartig. Und dann?

FERDINAND: Dann flüchte ich nach Innsbruck.

KULI: Richtig, genau wie im Frühjahr 1848. Was sagten Ihnen die Mitglieder der Geheimen Staatskonferenz, als man Sie damals mit Ihrer Familie nach Tirol brachte?

FERDINAND: Man sagte mir, daß es sich um eine Spazier-fahrt handelte.

207

KULI: Jawohl, die Frage ist richtig beantwortet. Sie haben also Ihr schönes Wien verlassen. Was geschieht dann?

FERDINAND: Das nächste Ziel meiner Spazierfahrt ist Olmütz.

KULI: Stimmt, es ist September, diesmal sind Sie auf der Flucht, weil sich die Lage in Ungarn verschlimmert hat und in Wien Ihr Kriegsminister Latour gelyncht wurde. Wie geht's weiter?

FERDINAND: Das weiß ich nicht. Ich kann mich nicht mehr erinnern.

KULI *(sagt ihm ein)*: Sie treten zurück.

FERDINAND *(tritt einen Schritt zurück)*.

KULI: Nein, nicht mit dem Fuß, sondern vom Thron. Sie verzichten auf die Kaiserwürde.

FERDINAND *(empört)*: Nie und nimmer!

KULI: Aber Sie haben es getan, am 2. Dezember 1848. Offensichtlich weil Sie zu schwach waren, das von der Revolution erschütterte Reich zusammenzuhalten. Auch wenn Sie sich anfangs gegen den Rücktritt gewehrt haben.

FERDINAND: Gut, ich trete zurück.

KULI: Um wem Platz zu machen?

FERDINAND: Meinem Nachfolger!

KULI: Sehr gut, das wär' ja schon wieder 'ne richtig beantwortete Frage *(Applaus des Publikums)*.

KULI: Wer ist Ihr Nachfolger?

FERDINAND: Tja, in der Thronfolge käme mein Bruder Franz Karl dran, ... aber der ist ja selbst nicht ganz auf der Höhe. Außerdem würde das seine Frau nicht zulassen.

KULI: Vollkommen richtig! *(Applaus)* Und wie heißt die Frau Ihres Bruders?

208

FERDINAND: Das ist eine Elferfrage!

KULI: Jawohl, das ist eine Elferfrage, das ergibt wieder 'nen Punkt *(Applaus)*. Sie sind auf dem besten Weg, als Quizkandidat Österreich-Ungarns Krone zurückzuerobern! Ihre Schwägerin heißt übrigens Sophie. Kaiser wurde deren Sohn ...

FERDINAND: ... der Franz Joseph. *Fratz* Joseph haben wir immer gesagt, weil er noch so jung war.

KULI: Die Frage ist einwandfrei beantwortet, womit wir in die nächste Runde aufsteigen. Wir gehen jetzt ein paar Schritte hinüber, ich darf Sie bitten, Majestät, sich mit mir einen kleinen Filmausschnitt anzuschauen: aus *Sissi* mit Romy Schneider. In Österreich hat man fast den Eindruck, daß nicht die Romy der Kaiserin Elisabeth ähnlich sah, sondern die Kaiserin Elisabeth der Romy *(Applaus)*. Das nur nebenbei. Ich habe mir erlaubt, mich in einer Nebenrolle in den Film hineinzukopieren. Sie müssen erraten, wen ich spiele.

(Filmausschnitt läuft.)

KULI: In welcher Rolle war ich zu sehen?

FERDINAND: Als Kaiser Franz Joseph.

KULI: Leider nein, Majestät, das war der Karlheinz Böhm. Also, wen habe ich gespielt?

FERDINAND: Mich?

KULI: Jawohl! Für diese Antwort gibt's zwei Punkte, weil's so schwer war. Und weiter geht's: Ihr Vater, Kaiser Franz, hatte doch ursprünglich daran gedacht, Ihretwegen die Erbfolgeordnung des Hauses Habsburg zu ändern, weil er bezweifelte, ob Sie je in der Lage sein würden, das Land zu regieren. Welcher Staatsmann war es, der – unter Berufung auf das Legitimitätsprinzip – dennoch erreichte, daß Sie Kaiser wurden?

FERDINAND: Der Metternich.

KULI: Sehr gut. Und warum?

FERDINAND: Weil er damit praktisch der Alleinherrscher in Österreich-Ungarn war. Ich durfte zwar an den Sitzungen des Staatsrates teilnehmen, hatte aber keine Möglichkeit, das Wort zu ergreifen, ich war zum Nichtstun verurteilt.

KULI: Mit Ihnen hatte Fürst Metternich ja 'n leichtes Spiel, der konnte doch machen, was er wollte.

FERDINAND: So blöd, wie er dachte, war ich auch wieder nicht. Im März 1848 habe ich ihn – als Symbol der Unterdrückung und der Unfreiheit – seines Amtes als allmächtiger Staatskanzler enthoben.

KULI: Das war wohl notwendig, Majestät. Wen ernannten Sie dann im November desselben Jahres zum neuen Ministerpräsidenten?

FERDINAND: Der Name liegt mir auf der Zunge …

KULI: Denken Sie an den gleichnamigen Platz vor dem Hochstrahlbrunnen!

FERDINAND: Ah ja, den Schwarzenberg.

KULI: Richtig: Felix Fürst zu Schwarzenberg. Jetzt konzentrieren Sie sich bitte, es wird schwierig: 1831 hatten Sie in Turin die Prinzessin Maria Anna von Sardinien-Piemont geheiratet. Wann haben Sie sie kennengelernt?

FERDINAND: Etwas später dann in Wien.

KULI (*dem Ferdinands Antwort peinlich ist*): Aber Majestät! Sie können doch Ihre Frau nicht erst nach der Hochzeit kennengelernt haben.

FERDINAND (*trotzig*): O ja, das war damals so.

KULI (*will sich für den Kaiser entschuldigen*): Tja, meine Damen und Herren, das kann in 'ner Livesendung schon mal vorkommen, Sie sehen ja, unser gütiger Kaiser … (*sieht auf einem Zettel nach*) … ach, er hat sogar recht. Die Ehe war *per procurationem* geschlossen worden, was immer das heißen mag. Sehen Sie, unser Kaiser Ferdinand is' doch ganz gut drauf *(Applaus)*.

FERDINAND *(verneigt sich)*: Die Maria war mir eine gute Frau ...

KULI: Man sagt, daß sie Ihnen auch eine Art Pflegerin war.

FERDINAND: Ja, das stimmt.

KULI: Majestät, Ihre Schwägerin Sophie bekniete Sie schon im Jänner 1848, zugunsten ihres Sohnes Franz Joseph abzudanken. Warum hat sie das getan?

FERDINAND *(lächelt)*: Weil sie machthungrig war, die gute Sophie.

KULI: Kann ich leider nicht gelten lassen. Die richtige Antwort wäre gewesen: Weil sie sich um den Fortbestand der Monachie Sorgen machte.

FERDINAND: Verzeihen Sie, Herr Kulenkampff, aber das muß ich doch besser wissen. Sie wollte die Macht, und die hat sie über den Umweg Ihres Sohnes auch bekommen. Er war zwar der Kaiser, aber sie hatte die Hosen an und regierte de facto. Und ich saß in meinem Exil auf dem Hradschin in Prag, kümmerte mich um meine Blumen, die Münzensammlung und mußte von der Ferne mit ansehen, was in Wien alles passierte.

KULI: Welchen berühmten Satz haben Sie 1866 angesichts von Kaiser Franz Josephs katastrophaler Niederlage in Königgrätz geprägt?

FERDINAND: Ich sagte damals: Also, das hätt' ich auch noch zusammengebracht!

KULI: Jawohl! *(Springt in die Luft, ruft ins Publikum)* Sie sind der Meinung, das ist spitze!

FERDINAND: Jetzt irren Sie sich schon wieder, Herr Kulenkampff. Spitze sagte doch immer Hans Rosenthal.

KULI: Richtig! *(Jubel brandet auf)* Damit sind Sie der Sieger des heutigen Abends. *(Kuli setzt Ferdinand eine Krone auf, der Kaiser geht unter tosendem Applaus ab)*

»Butler« Martin Jente tritt im Frack vor die Kamera. Kulenkampff fragt ihn, wie ihm die heutige Sendung gefallen habe. Während er Kuli in den Mantel hilft, sagt Jente: »Es war die schönste Sendung, die Sie jemals gemacht haben, Herr Kulenkampff!«
»Was hat Ihnen so gefallen?«
»Daß wir einen echten Kaiser hier hatten.«
»Na und?«
»Na und! So ein Kaiser ist ein edler Mensch. Gescheit, witzig, charmant, schlagfertig. Gottbegnadet eben.«
»Aha, und das hat Sie so begeistert, Herr Martin?«
»Ja. Weil der Kaiser alles das hat, was Ihnen fehlt, Herr Kulenkampff!«

Herr Martin geht ab.
Kuli bleibt zurück und versteht die Welt nicht mehr.
Applaus.
Signation und Schlußmelodie *Eurovision*.

Aufregung in der Kapuzinergruft

Nach dem Grabraub der Mary Vetsera

Die Satire hat's hierzulande schwer. Wird sie doch in vielen Fällen von der Realität übertroffen. So etwa am 17. Dezember 1992, als ein grauhaariger Mann mein Redaktionszimmer betrat, mir einen Totenkopf auf den Schreibtisch legte und sprach: »Das ist der Schädel der Mary Vetsera!«

Es wäre naheliegend, die einleitenden Worte dieses Kapitels für satirisch zu halten. Sie sind es aber nicht – die Sache verhielt sich wirklich so. Besagter Herr war der inzwischen zu einschlägiger Berühmtheit gelangte Herr Flatzelsteiner, seines Zeichens Möbelhändler aus Linz, der »Marys« Skelett – ehe er zu mir kam – bei Nacht und Nebel aus ihrem Grab am Stiftsfriedhof von Heiligenkreuz bei Wien entfernt hatte. Weil er, wie er später gestand, »das Geheimnis von Mayerling lüften wollte«. Tatsächlich hatte er die sterblichen Überreste der Geliebten des Kronprinzen Rudolf auf eigene Faust gerichtsmedizinisch untersuchen lassen.

Kaum hatte sich die Situation einigermaßen entspannt, stattete ich der Kapuzinergruft einen Höflichkeitsbesuch ab – wohl auch, um die hohen Herrschaften ein wenig zu beruhigen.

»Also«, begrüßte mich die von den 142 hier ruhenden

Mitgliedern des Hauses Habsburg zur Familiensprecherin gewählte Kaiserin Maria Theresia, »die Sache hat uns schon sehr hergenommen. Wenn Herrn Flatzelsteiners Unternehmung Schule macht, sind wir hier alle unseres Todes nicht mehr sicher. Stellen Sie sich vor, jemand möchte herausfinden, woran mein Vater, Kaiser Karl VI., starb oder meine Tochter Marie Antoinette.«

»Geh, Mama«, mischte sich Maria Theresias fortschrittlicher Sohn, Josef II., ein, »es ist das gute Recht der nachfolgenden Generationen, den offenen Fragen der Geschichte nachzugehen. Und wenn seinerzeit Fragen von historischer Bedeutung nicht geklärt wurden, dann ist es naheliegend, daß die Leute irgendwann einmal unsere Gräber öffnen.«

»Onkel Pepi«, entgegnete jetzt Josefs konservativer Neffe, Kaiser Franz I., »mit solchen Aussagen leistest du künftigen Grabräubern nur Vorschub. Du weißt genau, daß diese Vorgangsweise allen Paragraphen des bürgerlichen Gesetzbuches widerspricht.«

»Wurde Herr Flatzelsteiner überhaupt verurteilt?« richtete Kaiser Josef nun das Wort an mich.

»Nein, das Verfahren wurde eingestellt«, gab ich wahrheitsgemäß zu Protokoll, »die Sache war zum Zeitpunkt der Aufdeckung bereits verjährt, außerdem konnte Herr Flatzelsteiner glaubhaft machen, daß er nie die Absicht hatte, Sarg und Inhalt zu behalten.«

»Na, da hast du's, Franzl!« sagte Josef zu seinem Neffen.

Ich aber begab mich ein paar Gräber weiter, in die Gruftkammer des Kaisers Franz Joseph I. und seiner nächsten Angehörigen, um die Aussage des einzig wirklich kompetenten Zeitzeugen von Mayerling einzuholen.

»Die Patres haben an der Tür zur Kapuzinergruft ein neues Schloß angebracht«, erklärte mir Kronprinz Rudolf gleich nach meinem Eintreffen erleichtert. »Das war notwendig geworden, nachdem Herr Flatzelsteiner öffentlich gefordert hatte, man müsse nach Marys Skelett nun auch meines untersuchen.«

»Rudolf!« war jetzt ein scharfer Ton aus dem benachbarten Prunksarg des kaiserlichen Vaters zu vernehmen, »du bist ja selber schuld, daß es soweit gekommen ist. Es wäre besser gewesen, du hättest dich seinerzeit mit deinen Problemen an deine Mutter und mich gewandt, statt dich wie ein Schneider von dieser Welt zu stehlen.«

»Geh, Papa«, entgegnete der Erzherzog, »wann hätte ich denn mit dir reden sollen? Du hast doch nie Zeit für uns Kinder gehabt.«

»Ich mußte ja auch ein riesiges Reich regieren ...«

»Kaiserliche Hoheit«, versuchte ich vom Vater-Sohn-Konflikt abzulenken und forderte Rudolf ultimativ auf, die Gelegenheit wahrzunehmen, »endlich Licht ins Dunkel der Vorgänge von Mayerling zu bringen. War es denn wirklich notwendig«, fragte ich, »die unschuldige Mary Vetsera mit in den Tod zu nehmen, nur weil Sie selbst nicht mehr leben wollten?«

»Schauen Sie«, antwortete der Kronprinz, »ich habe in der Hofburg und in Schönbrunn eine schreckliche Kindheit verlebt. Papa und Mama waren nie da, unsere Erzieher waren überstreng und blieben uns fremd. Meine beiden Schwestern und ich fühlten uns alleingelassen. Das war wohl auch der Grund, warum ich Angst vor der Einsamkeit hatte, mich immer mit irgendwelchen Leuten umgeben mußte. Und so wie ich im Leben nicht allein sein wollte, wollte ich auch im Tod nicht allein sein. Daher habe ich Mary mitgenommen. Außerdem ist sie ja freiwillig mit mir gegangen.«

»Das nennen Sie freiwillig«, wandte ich ein, »wenn ein 18jähriges, Ihnen höriges Mädchen bereit ist, dem Sohn des Kaisers in den Tod zu folgen?«

»Jawohl, schäm dich, Rudolf«, vernahm ich nun auch aus dem Sarkophag der Kaiserin Elisabeth, »Herr Markus hat ganz recht. Du weißt, daß ich immer auf deiner Seite war, aber mit dieser Untat hast du uns alle in eine schreckliche Situation gebracht.«

»Hättest du dich nur ein wenig mit der Psyche des Menschen beschäftigt«, sagte der Kronprinz zu seiner Mutter, »wüßtest du, wie sehr wir alle von unserer Kindheit geprägt werden. Wenn schon Papa nie für mich da war, warum hast du dich nie um uns gekümmert? Warum mußtest du immer auf Reisen gehen?«

»Du weißt genau, was mir dein Vater mit seinen Liebschaften angetan hat. Zuerst diese Anna Nahowski, mit der er zwei Kinder hatte, und später die Schratt. Hätte ich schön brav bei ihm in der Hofburg sitzen und auf ihn warten sollen?«

»Lüge!« protestierte der Kaiser in ungewohnter Schärfe, »ich suchte die Nähe dieser Damen erst, als du Wien und damit mir den Rücken gekehrt hattest.«

»Mit dir habe ich jetzt nicht gesprochen«, kreischte Elisabeth hinüber.

»Pas devant les enfants. – Nicht vor den Kindern«, ersuchte der Kaiser und wechselte das Thema: »Schrecklich übrigens, daß die Leute nach so langer Zeit immer noch ständig über Mayerling reden. Als ob unsere Familie nichts anderes geleistet hätte.«

»Daß Mayerling nach wie vor ein Thema ist, liegt nicht zuletzt an der Verschleierung der Katastrophe durch die Regierung Eurer Majestät«, erklärte ich. »Hätte man die Bevölkerung darüber aufgeklärt, was im Jagdschloß passiert ist, wäre die Affäre längst nicht so brisant geblieben. Aber was hat man den Menschen nicht alles mitgeteilt: Der Kronprinz sei einem Herzschlag erlegen, hieß es anfangs, später brachte man einen Jagdunfall, ein Mordkomplott und andere abenteuerliche Versionen ins Spiel. Um Rudolf eine kirchliche Einsegnung zu ermöglichen, wurde schließlich Selbstmord im Zustande der Geistesvewirrung konstatiert. Daß Mary Vetsera mit ihm starb, hat man total verschwiegen.«

»Jeder von uns macht Fehler, überhaupt wenn man 68 Jahre regiert«, zeigte sich der Kaiser einsichtig.

Ich aber wandte mich wieder seinem Sohn zu. »Hätten Sie die Möglichkeit, Ihr Leben noch einmal von vorn zu beginnen, was müßte anders sein?«

Der Kronprinz dachte einen Augenblick nach und sagte dann: »Ach, wäre ich nur irgendwo in der Vorstadt zur Welt gekommen, vielleicht als Sohn eines kleinen Gewerbetreibenden. Ich hätte eine Frau heiraten können, die ich geliebt hätte. Ich hätte studiert, wäre Schriftsteller, Journalist, Politiker oder Wienerliedsänger geworden. Mein Leben hätte einen Sinn gehabt. Als Kronprinz hat man nur die eine Aufgabe, auf den Tod des Vaters zu warten. Da dies nicht der Lebensinhalt eines denkenden und fühlenden Menschen sein kann, zog ich es vor, zu sterben. Das ist meine Geschichte.«

»Wir danken für das Gespräch.«

»Mir blieb doch was erspart«

Ein Besuch beim alten Kaiser

Die Schratt-Villa in Bad Ischl strahlt ein Stück Historie aus, wie man's heutzutage nur noch selten findet. Das zweistöckige Landhaus aus der Gründerzeit liegt inmitten eines riesigen Parks, umgeben von Wiesen und Wäldern, die im Norden an die Ischl grenzen. Über eine kleine Brücke dieses Flüßchen spazierte dereinst Kaiser Franz Joseph I. tagtäglich während der Sommermonate, um seine Seelenfreundin Katharina Schratt in ihrem Urlaubsdomizil zu besuchen.

Am 18. August – Kaisers Geburtstag – des heurigen Jahres gaben sich Seine Majestät und die Schratt nach langer Zeit wieder einmal Rendezvous. Bei diesem letzten Treffen erlaubte ich mir als ungebetener Zaungast Zeuge des Gesprächs zwischen den Liebenden zu werden. Die rasenden Reporter Egon Erwin Kisch und Alfred Worm vor Augen, übernahm ich für diesen einen Nachmittag die Pflege der im Park wild wuchernden Rosen und Hecken, wofür ich – der Unauffälligkeit halber – in den grünen Arbeitsanzug des Gärtners geschlüpft war. Nebenbei fertigte ich das nachstehende Protokoll an.

»Majestät«, sagte die Hofschauspielerin, als sie die offene Veranda betrat, die dem eleganten Gebäude vorgebaut ist, »ich habe mir erlaubt, Majestät wie immer zum Geburtstag den geliebten Guglhupf zu backen. Mit Rosinen, wie Majestät ihn so sehr lieben.« Und sie stellte einen prachtvollen Kuchen samt einer großen Kanne siedend heißen Kaffees auf den Tisch.

»Geh, Kathi«, dankte der Kaiser, während er sich ein wenig mühsam erhob, um der Freundin galant die Hand zu küssen, »wie oft soll ich Ihnen denn noch sagen, daß Sie nicht immer ›Majestät‹ sagen sollen.«

»Wie Majestät befehlen«, hauchte sie. Und beide lachten über den neuerlich mißglückten Versuch, eine Form der Anrede zu finden, die der Dauer und Intensität ihrer Verbindung adäquat wäre. »Anders bring ich's halt nicht über die Lippen, Majestät.«

»Mein Gott, Kathi, erinnerern Sie sich, wie wir früher hier gesessen sind und Sie mir immer die schönen G'schichten vom alten Burgtheater erzählt haben. Von all den finsteren Verschwörungen in der Direktionskanzlei oder von den köstlichen Episoden – wie damals zum Beispiel, als einer Kollegin von Ihnen auf offener Bühne die Taille des Kostüms geplatzt ist. Ganz zu schweigen von dem Skandal, als man den Girardi ins Irrenhaus sperren wollte, was wir ja – gottlob – verhindern konnten. Ihre Erzählungen haben mich immer so herrlich von dem großen Kummer abgelenkt, den mir das Regieren und mein Privatleben bereitet haben. Aber die Zeiten sind halt leider vorbei.«

»Ja, alles hat sich verändert, Majestät«, bestätigte Katharina Schratt, »nichts ist mehr so, wie's einmal war.«

»Erinnern Sie sich noch, wie wir uns kennengelernt haben?« fragte der Kaiser.

»Aber Majestät«, sagte die Schratt, schnitt ein Stück

vom Guglhupf ab und schenkte sich und dem Kaiser Kaffee ein. »Es ist, als ob's gestern gewesen wär'. Ich kam 1883 zur Audienz in die Hofburg, um mich für mein Engagement am Burgtheater zu bedanken.«

»Mein Gott, waren Sie damals schüchtern. Aber gelacht haben Sie, und das hat mir sofort an Ihnen gefallen. Kaum ein Mensch sonst hat in meiner Anwesenheit je zu lachen gewagt, die Leut' haben alle geglaubt, beim Kaiser muß man todernst sein.«

»Dabei haben Majestät selber so gerne gelacht.«

»Obwohl ich wenig zu lachen hatte. Aber seither ist viel passiert«, sinnierte Franz Joseph und beobachtete, wie ein Auto nach dem anderen an der Villa Schratt vorbei über die Schnellstraße in Richtung Salzburg brauste. »Ich hab' nie an diese neumodische Erfindung, das Automobil, geglaubt. Und jetzt fährt eins nach dem andern durch unser beschauliches Salzkammergut. Hat sich auf der Welt sonst noch irgendwas geändert seit meiner Zeit?« wollte der Kaiser wissen.

»Nicht, daß ich wüßte, Majestät«, antwortete Katharina Schratt und strich verlegen übers Tischtuch.

War ich bis zu diesem Zeitpunkt diskret lauschend im Hintergrund geblieben, so legte ich jetzt meine Gartenschere beiseite, ging ein paar Schritte auf die Veranda zu und wagte es – wiewohl nur als Gärtner anwesend – mich in das Gespräch einzumischen. Zu groß erschien mir die Verpflichtung, den Herrscher über die wahren Entwicklungen der abgelaufenen Jahrzehnte zu informieren. »Majestät müssen verzeihen«, hob ich submissest an und lüftete meinen Strohhut, »aber es hat sich seit dem Ende Ihrer Regentschaft doch einiges ereignet.«

»Unerhört!« kreischte die Schratt, »zupfe er gefälligst die Rosen hinterm Haus, und lasse er Seine Majestät in Frieden!«

»Wie meinen Sie das – es hat sich einiges ereignet?« sah mich der Kaiser fragend an. »In Österreich ist ja immer viel passiert – aber letztlich ist doch alles beim alten geblieben. Wie heißt denn mein Nachfolger auf dem jetzt schon … lassen Sie mich einmal nachrechnen … auf dem jetzt schon über siebenhundert Jahre alten Habsburger-Thron?«

»Majestät«, mußte ich bedauern, »es gibt keinen Thron mehr – Österreich ist keine Monarchie.«

»Was?« Die Zornesröte stieg dem bisher ruhig dasitzenden alten Herrn ins Gesicht. »Er will mir doch nicht weismachen, daß mein Reich von irgendeinem Bürgerlichen regiert wird. Österreich-Ungarn eine Republik? Undenkbar!«

»Doch, doch, Majestät. Und weil Sie Ungarn sagen – Ungarn ist weg.«

»Mach er sich nicht lustig über mich.« Der Kaiser sprang auf, als hätte er einen Moment lang sein hohes Alter vergessen. »Was ist mit der Adria, wo ist Galizien, wo sind Prag, Lemberg, Abbazia?« Sein Blick schweifte hinüber zur Kaiservilla, »und was ist mit meinem geliebten Ischl, befinden wir uns in diesem Augenblick vielleicht gar nicht mehr auf österreichischem Boden?«

»O doch«, konnte ich den Monarchen wenigstens in diesem Punkt beruhigen, »Ischl gehört uns noch. Aber alles andere ist verloren.«

Ein giftiger Blick der Schratt streifte mich: »Was glauben Sie, warum ich den Kaiser von all den Neuigkeiten verschont habe. Majestät sollen sich doch nicht aufregen.«

»Ja, um Gottes willen, wie ist denn das alles gekommen?« überging Kaiser Franz Joseph die Einwände der besorgten Freundin und ließ sich wieder in seinen weißen Korbsessel fallen.

»Majestät hätten sich in diesen Weltkieg nicht einlassen dürfen«, gab ich zur Antwort.

»Ist er denn nicht gut ausgegangen für uns?«

»Gar nicht gut. Österreich hat fast neunzig Prozent seines Territoriums verloren, durch den Ersten Weltkrieg.«

»Was heißt Ersten Weltkrieg? Gab's denn noch einen Zweiten?«

»Leider ja, Majestät.«

»Sind die Politiker net g'scheiter 'worden, wenn schon der Erste Weltkrieg so schlecht ausgegangen ist?«

»Leider nein, Majestät.«

»Es ist an der Zeit«, forderte mich die Schratt in unmißverständlich scharfem Ton auf, »daß Sie sich wieder um den Garten kümmern«.

Während ich mit einem tiefen Bückling meinen Abgang einzuleiten bereit war, wollte mich der erstaunlich rüstig wirkende Kaiser noch nicht entlassen: »Ist denn der Alltag meiner Völker genauso wie damals? Gehen die Leut' immer noch so gern ins Kaffeehaus?«

»Wer hat denn heute noch Zeit fürs Kaffeehaus«, sagte ich. »Um 16 Uhr beginnt *Schiejok täglich*, 17 Uhr *Willkommen Österreich*, 19.30 *Zeit im Bild*, danach *Musikantenstadl*, *Derrick* oder *Aktenzeichen XY*, *ZiB 2* – und während irgendeiner dieser Sendungen schläft man dann endlich ein.«

»Wovon spricht er überhaupt?« blickten mich Seine Apostolische Majestät verständnislos an.

»Vom Fernsehen«, erklärte ich dem Ahnungslosen.

»Was ist denn das?«

»Fernsehen ist das einzige Schlafmittel, das mit den Augen eingenommen wird.«

»Sehr eigenartig. Gibt's noch andere solcher neumodischer Erfindungen, hat die Welt auch auf anderen Gebieten Fortschritte gemacht?«

»O ja, doch! Wir fliegen um die Welt, wir fliegen bis zum Mond, und eines Tages werden wir sogar auf dem Mars landen. Als eine der wesentlichen Erfindungen unseres Jahrhunderts gilt auch die Atomkraft, mit deren Hilfe noch effizientere Bomben gebaut und die Menschen noch problemloser umgebracht werden können als zu Ihrer Zeit. Die Atomkraft kann aber auch im Rahmen ihrer friedlichen Nutzung innerhalb von Sekunden ganze Landstriche auslöschen. Ein winziger Störfall genügt.«

»Und das nennen Sie Fortschritt?«

»Fortschritt bedeutet heute: Wir wissen immer mehr und haben immer weniger davon!«

»Und wie ist das mit dem Fortschritt in der Medizin?«

»Gigantisch, Majestät. Die medizinische Forschung ist so fortgeschritten, daß es praktisch überhaupt keinen gesunden Menschen mehr gibt.«

»Schecklich«, sagte der Kaiser. »Ich bin in dieser fortschrittlichen Zeit wahrscheinlich längst schon in Vergessenheit geraten. Oder läßt es die Hektik Ihrer Epoche zu, daß sich die Menschen meiner erinnern?«

»Aber natürlich! Majestät sind das Symbol des alten Österreich, die Personifizierung des pflichtgetreuen, integren Staatsmannes. – Was allerdings kein Wunder ist bei den Staatsmännern, die nach Ihnen kamen.«

»Das ist sehr schön, das freut mich sehr. Vermutlich reden die Leut' heut' noch über meine Leistungen als

Regent und Feldherr, sie schwärmen davon, was ich in meiner Wienerstadt geschaffen habe – Ringstraße, Hofoper, das neue Burgtheater, die Museen ...«

»Nicht so sehr. In erster Linie wollen die Leute wissen, wie intim Sie mit Frau Schratt waren, beziehungsweise ob Sie mit ihr tatsächlich eine Geheimehe eingegangen sind, wofür Zeugenaussagen und andere Indizien vorgelegt wurden.«

»Impertinenz«, mischte sich die Hofschauspielerin einmal mehr ein. »Wie spricht er mit Seiner Majestät!«

»Aber, Kathi, laß ihn nur. Die Welt kann's ruhig wissen. Ja, wir haben uns geliebt. Ich hab's nicht leicht gehabt – meine Frau immer auf Reisen und diese langweilige Kamarilla bei Hof –, da war ich halt froh, einen Menschen gefunden zu haben wie die Frau Schratt! Was aber unsere Geheimehe betrifft, werden Sie von mir kein Wort zu hören bekommen. Wir haben doch nicht geheim geheiratet, um es dann nach so langer Zeit zuzugeben.«

»Das war aber jetzt schon ein halbes Geständnis«, warf ich ein.

»Majestät sind schon wieder zu leutselig«, rügte die Schratt.

Zärtlich fuhr Franz Joseph seiner Freundin durchs Haar und setzte fort: »Irgendwie versteh' ich ja, daß sich die heutige Zeit so sehr für unsereins interessiert – so ein Paar hat es ja in einem regierenden Haus seither sicher nicht mehr gegeben.«

»Das würde ich nicht sagen«, entgegnete ich. »Am englischen Königshof spielen sich heutzutage noch ganz andere Dinge ab.«

»Ach, bei den Windsors?« schmunzelte der Kaiser, »das wundert mich nicht. Schon der Thronfolger Edward war kein Kind von Traurigkeit. Während der Regentschaft seiner Mutter, der Königin Victoria, ist er immer zu mir nach Wien gekommen, damit ich ihm Geld borge – zur Finanzierung seiner Amouren.«

»Der Edward war harmlos im Vergleich zu Großbritanniens heutigem Thronfolger – Charles heißt er. Durch seine Seitensprünge ist die ehrwürdige Monarchie ins Wanken geraten. Für besonderes Aufsehen sorgten seine obszönen Telefonate.«

»Obszöne Telefonate? Woher weiß man das so genau?«
»Weil die Gespräche des Prinzen abgehört wurden, Majestät.«

»Soso«, sagte der Kaiser, »ich hab' ja immer gesagt: Mir bleibt auch nix erspart! Aber *das* ist mir wenigstens erspart geblieben – meine Gespräche hat nie jemand abgehört.«

»Ganz sicher nicht, Majestät«, gab ich Franz Joseph recht. Und schaltete den in der Tasche meiner Gärtnerschürze versteckten Kassettenrecorder auf *Off*.

Die Österreich-Operette

Die Zweite Republik ist kein Operettenstaat.
Oder doch?

Österreich genießt den Ruf, ein Operettenstaat zu sein. Zu Unrecht, wie jeder weiß, denn natürlich wurde am 24. März 1994 um 16.55 Uhr nicht in der Villenetage des Bundeskanzlers Franz V. eingebrochen, während eine Spezialtruppe der Wiener Polizei das Haus bewachte. Und natürlich wurde das Staatsoberhaupt Thomas K. nicht unter großer Anteilnahme der Nation von seiner Gemahlin verlassen – wie auch alle anderen Personen und die Handlung der hier abgedruckten Operette frei erfunden sind. Musik: Johann Strauß, Franz Lehár, Oscar Straus, Emmerich Kálmán, Leo Fall, Robert Stolz, Ralph Benatzky, Paul Abraham u. a. Libretto: Georg Markus.

1. AKT. Kanzlers machen Urlaub in Venedig. Ihre Wohnung in Wien wird unterdessen von zwei bis über beide Ohren mit MPs bewaffneten Männern der Eliteeinheit *Cobra* überwacht. »Außenstelle Vranz, bitte melden«, tönt es via Polizeifunk aus der Einsatzzentrale, »irgendwelche Vorkommnisse?«

»Alles unter Kontrolle«, beruhigt der am Vordereingang des Anwesens postierte Revierinspektor Blind. Dunkle Gestalten dringen durch den Garten in den hinteren Trakt des Hauses. »A herrliches Objekt«, sagt

Ferdl zu seinem Komplizen, der über den Balkon ins Innere des Kanzlerdomizils steigt, »weit und breit kane Kieberer, endlich a Bruch, wo ma in Ruhe arbeiten kann.« An der Vordertür hört man den Funkspruch aus der Polizeizentrale: »Cobra, übernehmen Sie sich nicht!«

Geigen des Volksopernorchesters heulen auf, »Leise, ganz leise« *(Ein Walzertraum)* singen die Einbrecher und entleeren den Beautycase der Kanzlergattin ganz leise. *Cobra*-Mann Blind schaut weg und schmettert: »Zuaschau'n kann i net« *(Im weißen Rößl).*

2. AKT. Präsidentschaftskanzlei. Thomas K., Heldentenor, trällert ein Potpourri: »Ganz ohne Weiber geht die Chose nicht« *(Die Csárdásfürstin)*, »Ein Glück, daß man sich so verlieben kann« *(Hochzeitsnacht im Paradies)* und »Nur die Liebe hält uns jung« *(Zigeunerliebe).* Margot, Soubrette, zieht ein, säuselt mit Thomas im Duett: »Und der Himmel hängt voller Geigen« *(Der liebe Augustin).*

Doch dann betritt Gattin Edith die Seitenbühne und bringt Thommy den wehmütigen Ohrwurm aus *Viktoria und ihr Husar* zu Gehör: »Reich mir zum Abschied noch einmal die Hände«. Da dieser keine diesbezüglichen Anstalten macht, verläßt sie ihn zu den Klängen der *Frühjahrsparade*: »Frag nicht, warum ich gehe«. Er beugt sich diesem Wunsch der langjährigen Gefährtin.

3. AKT. Im Burgtheater. Direktor Claus P., Bariton, sagt einmal mehr seine Meinung: »Österreich ist ein Irrenhaus, in dem nur Scheiße gebaut wird, das ganze Burgtheater gehört abgerissen.« Sein Vertrag wird daraufhin bis zum Jahr 2096 verlängert, er wird Hofrat, Professor, erhält einen Orden und singt: »Hab' mich noch nicht ganz so akklimatisiert« *(Die lustige Witwe).*

4. AKT. Eine österreichische Strafanstalt. Gefängniswärter Frosch, betrunken wie immer, öffnet die Zellentür Nr. 24, heraus tritt Udo P.: »Wegen mir hat die halberte Regierung z'rucktreten müssen, der Charly, der Poldi, a Gerichtspräsident – alle waren s' meine Haberer.« Udo P. krächzt: »Spiel ich die Unschuld vom Lande« *(Die Fledermaus)*, und Frosch ruft ihn zurück in die Zelle: »Komm mit mir ins Chambre séparée« *(Der Opernball)*.

5. AKT. Unter den Klängen des *Donauwalzers* stürzt die Reichsbrücke ein, brennt die halbe Hofburg ab, wird in Zwentendorf ein Atomkraftwerk gebaut und nicht in Betrieb genommen. Werden gewinnbringende Staatsbetriebe privatisiert und defizitäre weitergeführt. Jörg H. lacht zur Musik aus dem *Weißen Rößl*: »Die ganze Welt ist himmelblau«. Ein Chor aus dem Untergrund ergänzt: »Ob blond, ob braun ...«

6. AKT. Der ORF reformiert sein Programm. Schicksale machen Quoten. Während eine Jungvermählte bei *Vera* den Sinn des von ihr vorgetragenen Operettenliedes »Auch du wirst mich einmal betrügen« *(Zwei Herzen im Dreivierteltakt)* nur erahnen kann, weiß eine verlassene Ehefrau bereits aus bitterer Erfahrung: »Die Männer sind alle Verbrecher« *(Wie einst im Mai)*. Professor Hackethal wirbt mit einem Evergreen aus dem *Weißen Rößl* für humane Sterbehilfe: »Erst wenn's aus wird sein.«

7. AKT. Im Parlament. Der Kanzler stellt mit dem Lied »Heinerle, Heinerle, hab' ka Geld« *(Der fidele Bauer)* sein jüngstes Sparpaket vor, worauf sich der Finanzminister unter den Klängen des Marsches »Nur a Geld, nur a Geld is des Höchste auf der Welt« legitimiert fühlt, in die Taschen eines ganzen Volkes zu greifen.

Dieses singt im Chor: »Immer nur lächeln« *(Das Land des Lächelns)*. Und zahlt.

8. AKT. Bekannte Figuren der jüngeren Geschichte treten auf. Polizeipräsident a. D. Günther B. singt »Mein Mädel ist nur eine Verkäuferin« *(Meine Schwester und ich)*, was von seiner Tochter mit der Feststellung »Ja, das Schreiben und das Lesen ist nie mein Fach gewesen« *(Der Zigeunerbaron)* untermauert wird. Kaum hat ein anderer Alt-Präsident, Dr. Kurt W., »Glücklich ist, wer vergißt« *(Die Fledermaus)* intoniert, fahren »Die Vier im Jeep« vor, wobei zwei sowjetische Besatzungssoldaten das Uhrenduett aus der *Fledermaus* von sich geben. Ein Kardinal funktioniert ein Wienerlied zur Kantate um: »Wenn der Herrgott net will, nützt des gar nix«. Endlich kommentiert Ötzi das Österreich-Millennium mit den Worten »Was sind schon tausend Jahre«, um gleich darauf »Jung sama, fesch sama« *(Frühjahrsparade)* anzustimmen. Aufgrund anhaltender *Da capo*-Rufe des begeisterten Publikums ist Ötzi bereit, den Schmachtfetz'n »Kinder, so jung kumm' ma nimmermehr z'samm« anzuhängen.

Eine Formation reinrassiger Lipizzaner unserer Spanischen Hofreitschule tritt zum großen Finale an. Und die edlen Pferde singen im Chor: »Menschen, Menschen san ma alle!«

Überraschenderweise wurde die Übertragung meiner *Österreich-Operette* von der zuständigen ORF-Abteilung abgelehnt. »Wenn wir Ihre *Österreich-Operette* im Fernsehen zeigen«, teilte man mir am Küniglberg mit, »würde ja die ganze Welt glauben, in Österreich ginge es wirklich zu wie in der Operette.« Ich wies diese Behauptung als absurd zurück.

Anhang

Kurzbiographien

»Sie leben doch im falschen Zeitalter«
OTTO III. (* 980, † 1002 Paterno). Kaiser des Heiligen
Römischen Reichs. Mit drei Jahren zum deutschen König gekrönt, bemüht er sich nach seiner Mündigerklä-
rung 995 um die Erneuerung des römischen Weltreichs.
Am 1. November 996 überläßt er dem Bischof von
Freising einen 30 Königshufe (ca. 10 km^2) großen Besitz
in Neuhofen an der Ybbs. In der Schenkungsurkunde
wird erstmals der Name Ostarrichi erwähnt.

LEOPOLD I. († 994 Würzburg), »der Erlauchte«, Markgraf, entstammt dem bayerischen Hochadel. Mit Leopold beginnt 976 die 270jährige Herrschaft der Babenberger in Österreich, das vorerst zwischen Enns und
Traisen liegt. Stammvater der Babenberger soll Adal-
bert von Bamberg sein, dessen Existenz nicht nachzu-
weisen ist. Erste Babenberger-Residenz ist Pöchlarn,
spätere sind Melk, Gars, Tulln und ab 1156 Wien.

*

Mit der Kaiserin im Kino
ELISABETH (* 1837 München, † 1898 Genf, ermordet).
Kaiserin von Österreich, Tochter des Herzogs Max und

der Prinzessin Ludovika in Bayern. 1854 Heirat mit Kaiser Franz Joseph I. Der Ehe entstammen vier Kinder (Sophie, Gisela, Rudolf, Marie Valerie). Seit 1867 Königin von Ungarn. Die vielen Reisen Elisabeths, die am Wiener Hof und mit ihrem Mann nicht glücklich wird, führen zur Vereinsamung des Kaisers.

ROMY SCHNEIDER (* 1938 Wien, † 1982 Paris). Österreichische Filmschauspielerin, Tochter der Schauspieler Magda Schneider und Wolf Albach-Retty. Hauptdarstellerin in über 60 Filmen. Erster großer Erfolg sind drei *Sissi*-Filme unter der Regie Ernst Marischkas (1955-57). Danach internationale Karriere, besonders im französischen und italienischen Film, dreht u. a. mit Luchino Visconti, Claude Sautet, Claude Chabrol.

*

Walther von der Vogelweide macht Karriere
WALTHER VON DER VOGELWEIDE (* um 1170 Vogelweidhof bei Bozen, † 1230). Ritter aus Kleinadel, bedeutendster deutscher Minnesänger. Dichtet ab 1190 Lieder der hohen Minne, die er am Hofe der Babenberger zu Wien vorträgt. Danach im Hofgesinde mehrerer Fürsten, kehrt er immer wieder nach Wien zurück. Im Streit zwischen Kaiser und Papst ist er auf seiten des Reiches. 188 seiner Lieder und Sprüche sind erhalten.

*

»Jetzt sans wirklich waach«
DWIGHT D. EISENHOWER (* 1890 Denison/Texas, † 1969 Washington). Amerikanischer General und re-

publikanischer Politiker, Sohn eines Farmers, ab 1942 als Oberbefehlshaber der US-Truppen in Europa, leitet er die Landungen in Nordafrika und Sizilien, als Oberbefehlshaber der alliierten Truppen die Invasion in der Normandie. 1953 bis 1961 ist er 34. Präsident der Vereinigten Staaten von Amerika.

NIKITA CHRUSCHTSCHOW (* 1894 Kalinowka, † 1971 Moskau). 1918 Mitglied der Partei der Bolschewiki. 1953 Erster Sekretär KPdSU, 1958 Ministerpräsident der Sowjetunion. Hat nach Stalins Tod maßgeblichen Anteil an der Innen- und Außenpolitik, leitet 1956 »Entstalinisierung« ein. Besucht Österreich 1960 und 1961 (Gipfeltreffen mit US-Präsident John F. Kennedy). 1964 aller Staats- und Parteiämter enthoben.

Gar nix is' hin!
AUGUSTIN (* um 1645 Wien, † 1705 Wien). Dem Bänkelsänger und Dudelsackpfeifer wird nachgesagt, die große Wiener Pestepidemie 1679, der 60 000 Menschen zum Opfer fielen, überlebt zu haben, obwohl er beim Burgtor von zwei »Siechknechten«, die ihn für tot halten, aufgelesen und in ein Massengrab mit Pesttoten gelegt wird. Angeblich Komponist und erster Interpret des Liedes *O, du lieber Augustin.*

Mata Hari an Oberst Redl
ALFRED REDL (* 1864 Lemberg, † 1913 Wien). Chef der k. u. k. Spionageabwehr. Wegen homosexueller Nei-

gungen vom russischen Geheimdienst zum Verrat militärischer Geheimnisse (u. a. der österreichisch-ungarischen Aufmarschpläne) erpreßt. Wird verhaftet, als er an der Wiener Hauptpost eine größere Geldsendung aus St. Petersburg abholt, und von Generalstabschef Conrad von Hötzendorf zum Selbstmord gezwungen.

MATA HARI, eigentlich MARGARETHA ZELLE (* 1876 Leeuwarden/Niederlande, † 1917 Vincennes bei Paris). Tänzerin, die sich nach längeren Reisen durch orientalische Länder 1905 in Pariser Cabarets als erste Frau in völliger Nacktheit zeigt. Später nützt sie ihre Kontakte zu Diplomaten für Agententätigkeit. Von der französischen Staatspolizei verhaftet, zum Tod verurteilt und von einem Exekutionskommando erschossen.

*

Bilanz eines modernen Regenten
JOSEF II. (* 1741 Wien, † 1790 Wien). 1765, nach dem Tod seines Vaters Franz Stephan Mitregent, ab 1780, nach dem Tod seiner Mutter Maria Theresia, Kaiser. Verheiratet mit 1) Isabella von Parma und 2) Maria Josefa von Bayern. Seine Reformen haben tiefgreifende gesellschaftliche Veränderungen zur Folge, müssen jedoch von ihm bzw. seinem Bruder und Nachfolger Kaiser Leopold II. zum Teil zurückgenommen werden.

*

Graugans Martina protestiert
KONRAD LORENZ (* 1903 Altenberg/Donau, † 1989 Altenberg). Arzt, Tierpsychologe, Verhaltensforscher. Der

Sohn des bedeutenden Orthopäden Adolf Lorenz begründet nach Studien an freifliegenden Dohlen, Kohl-
raben und Graugänsen die Verhaltensforschung als
Bindeglied zwischen Human- und Tierpsychologie.
1973 erhält er (gemeinsam mit Karl von Frisch und
Nikolaas Tinbergen) den Nobelpreis für Medizin.

*

Aerarisches Essen Ist Oft Ungenießbar
FRIEDRICH III. (* 1415 Innsbruck, † 1493 Linz). Kaiser,
Gegenspieler des böhmisch-ungarischen Königs Mat-
thias Corvinus. Beschäftigt sich intensiv mit Alchimie
und Astrologie. Seinem Hang zu Magisch-Mystischem
dürfte die Devise AEIOU entspringen, die sich u. a. in der
Wiener Ruprechtskirche, der Burg in Wiener Neustadt
und am Grazer Dom findet. Er ist der Vater Kaiser
Maximilians I., des »letzten Ritters«.

*

Radetzky ist pleite
JOSEPH WENZEL GRAF RADETZKY (* 1766 Schloß Treb-
nic bei Prag, † 1858 Mailand). Der bedeutendste Feldherr seiner Zeit. Teilnehmer am letzten Türkenkrieg und
an den Kriegen gegen Frankreich. Besiegt Napoleon in
der Völkerschlacht bei Leipzig und rettet mit seinem
Sieg bei Custozza 1848 die österreichische Monarchie.
Feldmarschall Radetzky dient der k. k. Armee 72 Jahre
lang bis zu seinem Tod im Alter von 92 Jahren.

JOSEF PARGFRIEDER (* 1755, † 1863 Wien). Angeblich
ein unehelicher Sohn Kaiser Josefs II. Als Armeeliefe-

rant (u. a. in den Feldzügen 1848/49) reich geworden, erwirbt er die Herrschaft Kleinwetzdorf. Errichtet hier, nordwestlich von Wien, den Heldenberg, auf dem er neben den Feldherren Radetzky und Maximilian Freiherr von Wimpffen – die er jahrzehntelang finanziell unterstützte – seine letzte Ruhe findet.

*

Walzerkönig trifft Opernführer

JOHANN STRAUß SOHN (* 1825 Wien, † 1899 Wien). Wie seine Brüder Josef und Eduard in der Jugend durch Johann Strauß Vater von der Musik ferngehalten, wird der »Walzerkönig« nach Gründung einer 15-Mann-Kapelle der große Konkurrent seines Vaters. 1863 Hofballmusikdirektor. Operettenerfolge sind v. a. *Die Fledermaus, Der Zigeunerbaron.* Sein *Donauwalzer* gilt als Österreichs »heimliche Bundeshymne«.

MARCEL PRAWY (* 1911 Wien). 1936 Sekretär des Tenors Jan Kiepura, den er in die Emigration nach Amerika begleitet. 1946 US-Kulturoffizier in Österreich. 1955 Dramaturg Wiener Volksoper. Seit 1965 Gestalter des TV-*Opernführers.* Einführungsmatineen an der Wiener Staatsoper, der er seit 1972 als Dramaturg angehört. Professor an der Musikhochschule/Wien und an der Yale University/USA. Ehrenmitglied der Staatsoper.

*

»Um meine Hand haben genügend Prinzen angehalten«

MARIA THERESIA (* 1717 Wien, † 1780 Wien). Da der einzige Sohn Kaiser Karls VI. früh stirbt, wird seine

Tochter 1740 aufgrund der »Pragmatischen Sanktion«
Regentin. Durch ihre Heirat mit Franz Stephan von
Lothringen wird das Haus Habsburg zum Haus Habs-
burg-Lothringen. Maria Theresia verteidigt die Mon-
archie in mehreren Kriegen gegen Preußens Friedrich
II. 1756 Allianz mit Frankreich gegen Preußen.

FRANZ STEPHAN VON LOTHRINGEN (* 1708 Nancy,
† 1765 Innsbruck). Kaiser. Trotz der von Karl VI. er-
zwungenen Ehe mit Maria Theresia gilt die Verbindung
als glücklich (allerdings hat Franz Stephan außereheli-
che Affären). Drei der 16 Kinder des Paares sterben
früh, die jüngste Tochter Marie Antoinette wird als Frau
des französischen Königs Ludwig XVI. von Revolutio-
nären gefangengenommen und 1793 hingerichtet.

Casanova und die Keuschheitskommission
GIACOMO CASANOVA (* 1725 Venedig, † 1798 Schloß
Dux in Böhmen). Der Frauenheld und Schriftsteller
zieht 1756 die Aufmerksamkeit durch seine tollkühne
Flucht aus den Bleikammern Venedigs auf sich. In seinen Memoiren *Histoire de ma vie* schildert er seine ero-
tischen Abenteuer, wodurch das intellektuelle Wirken
sowie seine Verbindungen mit Voltaire und Friedrich
dem Großen in den Hintergrund geraten.

Sarajewo bleibt ohne Folgen
FRANZ FERDINAND (* 1863 Graz, † Sarajewo 1914).
Erzherzog. Nach dem Tod Kronprinz Rudolfs und

seines Vaters Erzherzog Karl Ludwig (1896) Thronfolger der österreichisch-ungarischen Monarchie. 1898
Stellvertreter des Kaisers in Armeeangelegenheiten,
1900 morganatische Ehe mit Sophie Gräfin Chotek
(später Herzogin von Hohenberg). Die Ermordung des
Thronfolgers löst den Ersten Weltkrieg aus.

*

»Lumpazi hat keine Schangse!«
JOHANN NESTROY (* 1801 Wien, † 1862 Graz). Der
Sohn eines Notars bricht das Jusstudium ab, um Opern-
sänger, Schauspieler und Autor zu werden. Die be-
kanntesten Stücke des letzten großen Vertreters der
Altwiener Komödie sind *Lumpazivagabundus* (1833),
Zu ebener Erde und erster Stock (1838), *Der Talisman*
(1840), *Das Mädel aus der Vorstadt* (1841), *Einen Jux
will er sich machen* (1842), *Der Zerrissene* (1844).

*

»Meine geliebte Anna!«
ERZHERZOG JOHANN (* 1782 Florenz, † 1859 Graz). Er-
zogen im aufgeklärten Geist seines Vaters, Kaiser Leopolds II., unterstützt der überaus populäre Prinz 1809
den Aufstand der Tiroler unter Andreas Hofer. Stiftet
1811 das Steirische Landesmuseum Joanneum in Graz.
1827 Heirat mit der Postmeisterstochter Anna Plochl.
1848/49 ist er, gewählt von der Frankfurter National-
versammlung, deutscher Reichsverweser.

*

Marcus vs. Markus
Siegfried Marcus (* 1831 Mecklenburg, † 1898 Wien).
Erfinder des Benzinautomobils. In der Wiener Werk-
stätte des Mechanikers entsteht 1870 der erste und 1888
der zweite Marcus-Wagen; beide sind mit Benzin-Ver-
brennungsmotoren, Vergasern und magnetelektrischen
Zündapparaturen ausgestattet. Die industrielle Aus-
wertung sollte ihm nicht gelingen. Sein zweites Auto
steht im Technischen Museum in Wien

*

»Zur Sache« mit Napoleon
Napoleon I. (* 1769 Ajaccio/Korsika, † 1821 St. Hele-
na). Als Erster Konsul krönt er sich 1804 zum Kaiser der
Franzosen, später zum König von Italien. 1805 und 1809
besetzt er Wien. Nachdem seine Ehe mit Joséfine de
Beauharnais kinderlos bleibt, heiratet er Österreichs
Kaisertochter Marie-Louise, die ihm einen Sohn, den
späteren Herzog von Reichstadt, schenkt. Die Napoleo-
nischen Kriege verändern das Bild Europas.

Franz II. (*1768 Florenz, † 1835 Wien). Römisch-deut-
scher Kaiser (1792–1806), als Franz I. Kaiser von Österreich (1804–1835). Nach seinem Amtsantritt erklärt
ihm das revolutionäre Frankreich den Krieg, durch die
Koalitionskriege erleidet Österreich Gebietsverluste.
Verzichtet 1806 angesichts der Auflösung des Reiches
auf die römisch-deutsche Kaiserwürde. Bekämpft nationale und liberale Bestrebungen.

Andreas Hofer (* 1767 St. Leonhard, † 1810 Mantua).
Der Wirt des Gasthofs *Am Sande* im Passaiertal stellt

sich im Mai 1809 an die Spitze der Tiroler Volkserhebung gegen die Bayern, die er am Bergisel vertreibt. Nach Abzug der Franzosen führt er die Verwaltung des Landes. Als Tirol von Österreich preisgegeben wird, erneuert er den Widerstand, erliegt aber der feindlichen Übermacht und wird hingerichtet.

*

Der Kongreß pflanzt . . .
KLEMENS FÜRST METTERNICH (* 1773 Koblenz, † 1859 Wien). Erlangt als Außenminister durch eine geschickte Politik gegenüber Napoleon Europas diplomatische Führungsposition. Auf dem Wiener Kongreß 1814/15 maßgeblich an der Neuordnung Europas beteiligt, sichert er Österreichs Vormachtstellung im Deutschen Bund. Unterdrückt durch Polizeiherrschaft revolutionäre Bewegungen, 1848 als Staatskanzler gestürzt.

*

»Bis meine Knochen zerquetscht waren ...«
MARGARETHA PLASSNITZER (* um 1617, † 1644 Weissenegg/Kärnten). Wird als armes Bauernmädchen nach ihrer Verlobung mit einem wohlhabenden Bauernsohn von dessen Vater als »Hexe« angeklagt, da sie den jungen Mann »mit einer Rübe verhext« habe. Nach schrecklichen Marterungen und einem Hexenprozeß im Landgericht Weissenegg in Kärnten mit dem Schwert gerichtet und anschließend verbrannt.

*

Mozart stört Amadeus
WOLFGANG A. MOZART (* 1756 Salzburg, † 1791 Wien).
Lebt nach Tourneerfolgen als »Wunderkind« zunächst
in seiner Heimatstadt, ab 1781 in Wien. Schafft mit 600
Konzerten, Oratorien, Symphonien und Liedern sowie
20 Opern einige der bedeutendsten Werke der Musikgeschichte, u. a. *Die Entführung aus dem Serail* (1782)
Le nozze di Figaro (1786), *Don Giovanni* (1787), *Così
fan tutte* (1789), *Die Zauberflöte* (1791).

Eine Fälschungsaffäre im Hause Habsburg
RUDOLF IV., »der Stifter« (* 1339 Wien, † 1365 Mailand). Herzog von Österreich. Erwirbt 1362 Friaul und
ein Jahr später durch einen Vertrag mit Margarete
Maultasch Tirol. Gründet 1365 die Universität Wien
und betreibt den Weiterbau des Stephansdomes. Durch
Fälschung u. a. des *Privilegium maius* versucht er eine
den deutschen Kurfürsten gleichberechtigte Stellung
zu erlangen. Begraben im Stephansdom.

Strafanzeige ...
GEORG FRANZ KOLSCHITZKY (* 1640 Sambor/Ostgali-
zien, † 1694 Wien). Gelangt 1665 als Hilfsdolmetsch des
türkischen Botschafters nach Wien, wo er wegen seiner
Sprachkenntnisse bei der Orientalischen Handelskom-
pagnie Anstellung findet. Nachgewiesen ist seine Tätig-
keit als Dolmetscher bei der Befreiung Wiens, er gründet Kaffeehäuser (ist aber nicht »Wiens erster Cafétier«,
als der er selbst sich immer bezeichnet).

»Wir sind der Meinung«
LEOPOLD FIGL (* 1902 Rust/Tullnerfeld, † 1965 Wien). In der 1. Republik Bauernbund-Funktionär, ab 1938 Konzentrationslager. 1945 zum Tod verurteilt, rettet ihn das Kriegsende vor der Vollstreckung. ÖVP-Obmann, 1945–1953 Bundeskanzler. Unterzeichnet als Außenminister 1955 den Staatsvertrag. Historisch seine Worte am Balkon des Belvedere: »Österreichs Volk jubelt, alle Glocken läuten es: Österreich ist frei!«

BRUNO KREISKY (* 1911 Wien, † 1990 Wien). Der Sohn eines Industriellen wird als Vertreter sozialistischer Jugendorganisationen im Ständestaat mehrfach in Haft genommen. Nach der neuerlichen Festnahme durch die Nationalsozialisten emigriert er 1938 nach Schweden. 1953 unter Leopold Figl Staatssekretär im Außenministerium, 1959 Außenminister, 1967 Parteivorsitzender der SPÖ. 1970–1983 Bundeskanzler.

*

König Ottokars Glück und kein Ende
OTTOKAR II. PŘEMYSL (* um 1230, † 1278 gefallen in der Schlacht bei Dürnkrut). König von Böhmen, Herzog von Österreich. Rückt 1251 in Österreich ein und heiratet zur Legitimierung seiner Herrschaft die Babenbergerin Margarete. Nachdem er die Wahl seines Rivalen Rudolf I. von Habsburg nicht anerkennt, wird über ihn die Reichsacht verhängt. Als Rudolf 1276 in Österreich einrückt, wendet sich der Adel diesem zu.

243

RUDOLF I. VON HABSBURG (* 1218 Limburg/Breisgau, † 1291 Speyer). Versteht es, die Macht des ursprünglich eher armen Hauses Habsburg zu mehren. 1273 zum deutschen König gewählt, sieht er seine Hauptaufgabe in der Rückgewinnung des Reichsgutes, wodurch er zum Gegenspieler Ottokars wird. Nach dem Sieg über den Böhmenkönig begründet er 1276 die mehr als 600jährige Habsburger-Herrschaft in Österreich.

*

Von der Hofoper in die Großfeldsiedlung

EDUARD VAN DER NÜLL (* 1812 Wien, † 1868 Wien). Architekt, Professor an der Akademie der bildenden Künste. Bei gemeinsamen Architekturprojekten ist van der Nüll für Ästhetik zuständig, sein Freund und Kollege August von Siccardsburg für Technik. Ihre bedeutendsten Werke in der Ringstraßenära sind Hofoper, Sophienbad, Carltheater, Arsenal. Begeht nach Anfeindungen wegen des Opernbaues Selbstmord.

*

»Mundl« beim Kaiser

LEOPOLD I. (* 1640 Wien, † 1705 Wien). Unter diesem Kaiser wird das Habsburgerreich zur europäischen Großmacht, vor allem durch den siegreichen Türkenkrieg 1683-99. Gewinnt ganz Ungarn und Siebenbürgen mit Ausnahme des Banats und nimmt im Westen an den Koalitionskriegen gegen Ludwig XIV. von Frankreich teil. Im Süden gelingt es ihm, die Lombardei mit Mailand für das Haus Habsburg zu erobern.

Ein Tag wie jeder andere
PETER ALTENBERG, eigentlich RICHARD ENGLÄNDER
(* 1859 Wien, † 1919 Wien). Autor von Kurzgeschichten
und Kleinprosa, Prototyp des Kaffeehausliteraten. Als
Privatadresse steht *Café Central* im Adreßbuch. Er
selbst beschreibt sich als »Jurist ohne Jus zu studieren,
Mediziner ohne Medizin zu studieren, Buchhändler ohne Bücher zu verkaufen, Liebhaber ohne je zu heiraten
und Dichter ohne Dichtungen herzvorzubringen.«

EGON FRIEDELL (* 1878 Wien, † 1938 Wien). Schrift-
steller, Schauspieler, Kabarettist, Kulturhistoriker. Ver-
öffentlicht u. a. die *Kulturgeschichte der Neuzeit* (1927-
32) und die *Kulturgeschichte des Altertums* (1936).
Kabarett-Einakter *Goethe* (mit Alfred Polgar). Über
Peter Altenberg verfaßt er die Bücher *Ecce Poeta* und
Altenbergbuch. Nimmt sich wenige Tage nach dem
»Anschluß« an Nazi-Deutschland das Leben.

HERMANN BAHR (* 1863 Linz, † 1934 München). Dichter, Essayist, Kritiker. 1906/07 als Regisseur bei Max
Reinhardt in Berlin. Sein 1906 in Stuttgart erschienenes
Buch *Wien* (mit kritischen Passagen über das Habsburgerreich) wird in Österreich beschlagnahmt. 1918/19
Dramaturg am Burgtheater. Lustspiel: *Das Konzert*
(1909), Komödie: *Die Kinder* (1911), Drama: *Die Mutter*
(1891), Roman: *O Mensch* (1910), Essay: *Burgtheater*
(1920).

ALFRED POLGAR (* 1873 Wien, † 1955 Zürich). 1927-33
Essayist und Theaterkritiker in Berlin, dann bis 1938 in

Wien. 1940 Emigration USA, Schweiz. Seine Feuilletons gelten als »Meisterstücke der kleinen Form«, seine Kritiken erreichen hohes literarisches Niveau. Erzählungen: *Hiob* (1910), *Gestern und heute* (1923). Schriften: *An den Rand geschrieben* (1926), *Ich bin Zeuge* (1928), *Handbuch des Kritikers* (1938).

ANTON KUH (* 1890 Wien, † 1941 New York). Von Altenberg und Friedell als »Sprechsteller« bezeichnet (weil er seine treffenden Formulierungen nur allzu selten niederschrieb), geht er nach einer Fehde mit Karl Kraus (ihm widmet er 1925 den Vortrag *Der Affe des Zarathustra*) nach Berlin. 1933 Rückkehr nach Wien, 1938 Emigration in die USA. Essays: *Von Goethe abwärts* (1921), *Der unsterbliche Österreicher* (1931).

KARL KRAUS (* 1874 Gitschin/Böhmen , † 1936 Wien). Schreibt in der von ihm gegründeten Zeitschrift *Die Fackel*, Österreichs wichtigstem Organ kulturkritischer Erörterungen. Kämpft als Satiriker für die Reinheit der Sprache und gegen die Presse seiner Zeit. In seinem dramatischen Hauptwerk *Die letzten Tage der Menschheit* (1918/19) beschreibt er die Apokalypse des Ersten Weltkriegs. Wiederentdecker Nestroys.

*

»Ich brauche viel Platz für meine Menagerie«
EUGEN VON SAVOYEN (* 1663 Paris, † 1736 Wien). Als ihm König Ludwig XIV. den Eintritt in die französische Armee verweigert, geht Prinz Eugen als Offizier und Diplomat nach Österreich. Kämpft 1683 beim Entsatz Wiens gegen die Türken. 1687 Schlacht bei Móhacs.

1697 Sieg als Oberbefehlshaber in der Schlacht bei Zenta, 1716 Peterwardein. 1717 Einnahme Belgrads. Siege im Spanischen Erbfolgekrieg.

JOHANN LUKAS VON HILDEBRANDT (* 1668 Genua, † 1745 Wien). Neben Fischer von Erlach Österreichs bedeutendster Barockarchitekt. Vorerst Festungsingenieur des Prinzen Eugen in italienischen Feldzügen. Seit 1696 in Wien, 1723 Hofbaumeister. 1714–1723 baut er das Belvedere, weitere Hauptwerke: Piaristenkirche, Peterskirche, Palais Schwarzenberg, Bundeskanzleramt, Umbau von Schloß Mirabell/Salzburg.

Freud kann Hitler nicht heilen
SIGMUND FREUD (* 1856 Freiberg/Böhmen, † 1939 London). Betreibt als junger Arzt hirnanatomische Forschungen und entdeckt die schmerzbetäubende Wirkung des Kokain. Entwickelt mit seinem Kollegen Josef Breuer ein Verfahren zur Heilung seelischer Erkrankungen, das später zur Psychoanalyse führt. Sie beruht auf dem Bewußtmachen verdrängter traumatischer Erfahrungen. 1938 Emigration nach London.

ADOLF HITLER (* 1889 Braunau, † 1945 Berlin, Selbstmord). Übersiedelt 1913, nach seinem Scheitern als Kunstmaler, von Wien nach München. 1919 Deutsche Arbeiterpartei (ab 1920 NSDAP). 1923 Festungshaft nach mißlungenem Staatsstreich. Not und Inflation bringen Erfolge. 1933 »Führer« des Deutschen Volkes. Ausschalten politischer und »rassischer« Gegner durch KZ und Massenmord. Verursacht 2. Weltkrieg.

*

»In meinem Reich geht die Sonne nicht unter«
KARL V. (* 1500 Gent, † 1558 San Geronimo). Römisch-
deutscher Kaiser, erbt burgundische und spanische Besitzungen sowie Neapel-Sizilien. 1519 Herr der österreichischen Erblande (die er 1521/22 seinem Bruder
Ferdinand I. überläßt). Erfolgreiche Feldzüge u. a.
gegen Frankreich, Italien. Während seiner Regierung
wird durch die Eroberung Mexikos und Perus das spanische Kolonialreich in Amerika begründet.

*

Einer wird verlieren!
FERDINAND I. (* 1793 Wien, † 1875 Prag). Kaiser von
Österreich. Geistig zurückgeblieben, kann er seinen
Aufgaben als Herrscher nur bedingt nachkommen.
Eine von Metternich, den Erzherzögen Ludwig und
Franz Carl sowie Minister Franz Graf Kolowrat gebil-
dete »Geheime Staatskonferenz« führt die Regierungs-
geschäfte. Verzichtet 1848 zugunsten seines Neffen
Franz Joseph auf den Thron, übersiedelt nach Prag.

*

Aufregung in der Kapuzinergruft
KRONPRINZ RUDOLF (* 1858 Laxenburg, † 1889 Schloß
Mayerling, Selbstmord). Einziger Sohn Kaiser Franz
Josephs. Seine 1881 geschlossene Ehe mit Stephanie,
der Tochter König Leopolds von Belgien, bleibt un-
glücklich. Wegen seiner liberalen Einstellung gelangt er
wiederholt in scharfe Gegnerschaft zu seinem Vater

und zum Hof. Betätigt sich (meist unter Pseudonym) als Publizist sowie Reise- und Jagdschriftsteller.

MARY BARONESSE VETSERA (* 1871 Wien, † 1889 Schloß Mayerling). Tritt als 16jährige brieflich mit dem von ihr verehrten Kronprinzen Rudolf in Kontakt und wird dessen Geliebte. Nachdem der Erzherzog bereits gegenüber der Prostituierten Mizzy Caspar Selbstmordabsichten äußerte, bittet er nun Mary, mit ihm in den Tod zu gehen. 1992 wird bekannt, daß ihr Skelett am Stiftsfriedhof von Heiligenkreuz entwendet wurde.

»Mir blieb doch was erspart«
FRANZ JOSEPH I. (* 1830 Wien, † 1916 Wien). Kaiser von Österreich, König von Ungarn. Militärische Niederlagen u. a. in Solferino (1859 gegen Italien) und Königgrätz (1866 gegen Preußen), schafft er 1867 den Ausgleich mit Ungarn. 1879 Bündnis mit dem Deutschen Reich. In seiner 68jährigen Regentschaft wird das Schicksal Österreichs von Nationalitätenproblemen bestimmt. 1914 Ausbruch des Ersten Weltkriegs.

KATHARINA SCHRATT (* 1853 Baden, † 1940 Wien). Schauspielerin in Berlin und am Wiener Stadttheater, wird sie 1883 Mitglied des Burgtheaters. Im Rahmen einer Audienz lernt sie Kaiser Franz Joseph kennen, zu dem sich ein enges, freundschaftliches Verhältnis entwickelt, das rund 30 Jahre anhält. Ihre Wiener Villa befindet sich in der Nähe von Schönbrunn, ihr Bad Ischler Sommerdomizil nächst der Kaiservilla.

Quellenverzeichnis

Wladimir Aichelburg, *Sarajevo 28. Juni 1914*, Wien 1984.

Herta und Kurt Blaukopf, *Die Wiener Philharmoniker*, Wien-Hamburg 1986.

Carl von Boeheim, *Die Kaisersaga*, Augsburg 1960.

Max Braubach, *Prinz Eugen von Savoyen. Mensch und Schicksal*, Wien 1965

Giacomo Casanova, *Geschichte meines Lebens*, Berlin 1964.

Thomas Chorherr, *Wien. Eine Geschichte*, Wien 1987.

Egon Caesar Conte Corti, *Elisabeth*, Salzburg 1934.

Felix Czeike, *Historisches Lexikon Wien*, Wien 1992.

Otto Friedländer, *Letzter Glanz der Märchenstadt*, Wien 1985.

Nora Fürstin Fugger, *Im Glanz der Kaiserzeit*, Wien 1932.

Graf Auguste de la Garde, *Gemälde des Wiener Kongresses 1814–1815*, Wien-Leipzig 1912.

Brigitte Hamann (Hrsg.), *Die Habsburger. Ein biographisches Lexikon*, Wien 1988.

Magdalena Hawlik-van de Water, *Die Kapuzinergruft*, Wien-Freiburg-Basel 1987.

Christina Hofmann, *Das Spanische Hofzeremoniell von 1500 bis 1700*, Frankfurt/Main-Bern-New York 1985.

Ottmar Katz, *Prof. Dr. med. Theo Morell. Hitlers Leibarzt*, Bayreuth 1982.

Eugen Ketterl, *Der alte Kaiser wie nur Einer ihn sah*, Wien-München-Zürich-Innsbruck 1980.

Karl Kraus, *Die Fackel*, München 1968–1976.

Stasi Lohr, *Drum hab i Wean so gern. Das Wienerlied*, Wien-München 1988.

Konrad Lorenz, *Er redete mit dem Vieh, den Vögeln und den Fischen. Tiergeschichten*, München 1983.

Hans Magenschab, *Erzherzog Johann, Habsburgs grüner Rebell*, Graz 1981.

Felicien Marceau, *Casanova. Sein Leben, seine Abenteuer*, Düsseldorf 1985.

Georg Markus, *Geschichten der Geschichte*, Wien-München 1992.

Georg Markus, *Der Kaiser Franz Joseph I. Bilder und Dokumente. Mit einem Vorwort von Otto von Habsburg*, Wien-München 1985.

Georg Markus, *Geschichten aus Österreich*, Wien-München 1987.

Georg Markus, *Der Fall Redl*, Wien-München 1984.

Georg Markus, *Kriminalfall Mayerling*, Wien-München 1993.

Georg Markus, *Sigmund Freud und das Geheimnis der Seele*, Wien-München 1989.

Anton Neumayr, *Diktatoren im Spiegel der Medizin*, Wien 1995.

Max Polatschek, *Franz Ferdinand. Europas verlorene Hoffnung*, Wien-München 1989.

Marcel Prawy, *Johann Strauß*, Wien 1991.

Marcel Prawy, *Die Wiener Oper. Geschichte und Geschichten*, Wien-München-Zürich 1969.

Johann Recktenwald, *Woran hat Adolf Hitler gelitten?*, München-Basel 1963.

Ludwig Reiter, *Österreichische Staats- und Kulturgeschichte*, Klagenfurt 1947.

Hilde Schmölzer, *Phänomen Hexe*, Wien-München 1986.

Inge Scholz-Strasser, *Sigmund Freud Museum*, Wien 1994.

Georg Schreiber, *Franz I. Stephan. An der Seite einer großen Frau*, Graz-Wien-Köln 1986.

Otto Stradal, *Der andere Radetzky*, Wien 1982.

Viktor Theiß, *Erzherzog Johann. Der steirische Prinz*, Graz 1981.

Ernst Trost, *Das tausendjährige Österreich*, Wien 1994.

Renate Wagner, *Würde, Glanz und Freude. Vom festlichen Treiben in den Zeiten*, Graz-Wien-Köln 1981.

Friedrich Weissensteiner, *Reformer, Republikaner und Rebellen. Das andere Haus Habsburg-Lothringen*, Wien 1987.

Walter Wokaun (Hrsg.), *Der Brandhofer (Erzherzog Johann) und seine Hausfrau. Von ihm selbst erzählt*, Graz 1930.

Dieter Zöchling, *Die Oper*, Braunschweig 1981.

Dieter Zöchling, *Operette. Meisterwerke der leichten Muse*, Braunschweig 1985.

Bitte beachten Sie auch
die folgenden Seiten

*Ein humor-
voller und
informativer
Blick hinter
die Kulissen*

GEORG MARKUS
**Schuld ist nur
das Publikum**
Geschichten
aus dem
Theater

Amalthea

Amalthea

Markus' Theaterge-
schichten sind ein Muß für
jeden Theaterliebhaber, ein
ideales Geschenkbuch für
jeden, der gerne ins Theater
geht und darüber hinaus
erfahren möchte, was hin-
ter den Kulissen passiert.

Ein ver-
gnügliches Stück
österreichischer
Zeit-, Theater-
und Kabarett-
geschichte

Georg Markus
Das große Karl Farkas Buch
Sein Leben,
seine besten
Texte,
Conférencen
und Doppel-
conférencen

Vorwort
Fritz Muliar

Amalthea

Ein faszinierendes Buch von und über Karl Farkas: Im ersten Teil das bewegte Leben eines der größten Unterhaltungs-Genies unseres Jahrhunderts – im zweiten eine Auswahl seiner pointierten Texte voller Geist und Witz. Noch einmal können wir über seine besten Sketche, Conférencen und über seine Doppelconférencen mit Ernst Waldbrunn lachen.

Die große populäre Freud-Biographie

Langen Müller

Der Autor dieses wichtigen Freud-Buches ... fördert hochinteressante Details zutage, die in keiner früheren Freud-Publikation enthalten sind. Sorgfältiges Quellenstudium, Expertenbefragungen und eigene Untersuchungen ... vermitteln ein originelles Freud-Bild. Klar und deutlich werden auch die grundlegenden psychoanalytischen Einsichten dargestellt, die für unser aller Leben von schicksalshafter Bedeutung sind.«

(Prof. Dr. Friedrich Hacker)